# AI 家庭教育来了

## DeepSeek 陪你做智慧父母

金 本 / 编

民主与建设出版社
·北京·

©民主与建设出版社，2025

**图书在版编目（CIP）数据**

AI家庭教育来了：DeepSeek陪你做智慧父母 / 金本编. -- 北京：民主与建设出版社，2025.7. -- ISBN 978-7-5139-4998-9

Ⅰ．G78-39

中国国家版本馆CIP数据核字第2025E258U5号

## AI家庭教育来了：DeepSeek陪你做智慧父母
AI JIATING JIAOYU LAILE：DeepSeek PEI NI ZUO ZHIHUI FUMU

| | |
|---|---|
| 编　　者 | 金　本 |
| 责任编辑 | 金　弦 |
| 特约策划 | 向春婷 |
| 封面设计 | 海　凝 |
| 出版发行 | 民主与建设出版社有限责任公司 |
| 电　　话 | （010）59417749　59419778 |
| 社　　址 | 北京市朝阳区宏泰东街远洋万和南区伍号公馆4层 |
| 邮　　编 | 100102 |
| 印　　刷 | 三河市天润建兴印务有限公司 |
| 版　　次 | 2025年7月第1版 |
| 印　　次 | 2025年8月第1次印刷 |
| 开　　本 | 880毫米×1230毫米　1/32 |
| 印　　张 | 8 |
| 字　　数 | 148千字 |
| 书　　号 | ISBN 978-7-5139-4998-9 |
| 定　　价 | 49.80元 |

注：如有印、装质量问题，请与出版社联系。

# 序

作为一名家长，我和很多父母一样，白天工作，晚上陪孩子听英语、背古诗、查资料、写演讲稿。每一项都不是高难度的任务，但日复一日的争吵、焦虑，足以吞噬一个家长的耐心。

我相信你也经历过类似的时刻：孩子说"我不会"，你一边压着火教他，一边怀疑是不是自己教得太差；你想科学育儿，试图学点新方法，却发现理论有很多，实践起来却很难执行。

在这样的背景下，我开始尝试用 DeepSeek 这类新兴的 AI 工具来辅助家庭教育。没想到，这次尝试让我看到了家庭教育的另一种可能：父母不用无休止地投入时间与精力，孩子也不用机械地执行命令，家长和孩子可以一起进入一个 AI 家教新模式。

《AI 家庭教育来了：DeepSeek 陪你做智慧父母》并不是一本讲 AI 技术的书，它关注的不是 AI 的功能有多强，而是普通家长如何使用 AI，让家庭教育更轻松、更科学、更人性化。本书写作的出发点只有一个："家长如何把 AI 用在真正需要的地方。"你无须成为 AI 专家，只需要掌握一些对话技巧、设置规则的方法，就可以比绝大多数家庭更早进入"AI 协同育儿"的领域。

在传统模式中，家庭教育像是一场父母与孩子的拉锯战。AI 的出现，尤其是像 DeepSeek 这样具备"中文自然语言理解 + 多轮对话能力"的智能工具，不是要取代父母的责任，而是帮父母提高认知、重视陪伴、引导孩子成长。

通过实操 DeepSeek，你会发现，孩子其实并不反对父母的管教，只是不喜欢父母带着情绪和他们沟通。DeepSeek 可以帮你分析孩子学习过程中的问题，快速生成个性化学习方案，甚至还可以通过提示词成为孩子的"错题盲区教练""作业分解助手"。

在使用 DeepSeek 的这段时间里，我把自己当成实验者，将 DeepSeek 应用于孩子的教育中，也协助多个家庭建立了他们自己的"DeepSeek 育儿助手"。从一开始的混乱、失败，到逐渐摸索出结构化的使用场景和对话模板，我感受到，AI 带来的是一种全新的教育思维模式。

于是，我写下这本书，希望用 AI 赋能家长，让家长和孩子一起成长。AI 能让我们在家庭教育中从监督者转变为引导者，希望这本书能成为你育儿时的得力助手，让我们一起，开启这场科学育儿的探索之旅。

# 目录 Contents

## 第1章 DeepSeek来了,你准备好了吗

1.1 DeepSeek是一款全新的人工智能"家庭教育助手" …… 002

1.2 如何打造专属的"DeepSeek育儿助手" …………… 007

1.3 如何用DeepSeek一句话教懂孩子 ………………… 014

## 第2章 DeepSeek助你破解家庭教育难题

2.1 如何用DeepSeek从根源激发孩子内驱力 …………… 020

2.2 如何让DeepSeek成为"作业分解助手" …………… 028

2.3 如何用DeepSeek制定"科学表扬模板" …………… 033

2.4 如何用DeepSeek建立兴趣替代与行为引导机制 ………… 040

2.5 如何用DeepSeek建设"情绪对话桥梁" ………………… 044

2.6 如何用DeepSeek做兴趣分析与规划 …………………… 050

2.7 如何用DeepSeek训练专注力和学习节奏 ……………… 057

2.8 如何用DeepSeek充当"亲子协调第三方" …………… 063

2.9 如何用DeepSeek增强孩子的勇气 ……………………… 070

## 第3章　DeepSeek时代的学生新学习力

3.1 如何用DeepSeek帮助孩子提问 ………………………… 080

3.2 如何用DeepSeek构建"思维导图+金句训练"模式 …… 088

3.3 如何用DeepSeek做"错题盲区教练" ………………… 093

3.4 如何用DeepSeek辅助练习口语和演讲技巧 …………… 102

3.5 如何用DeepSeek制定"时间—任务管理图谱" ……… 111

3.6 如何用DeepSeek进行主题式探索学习 …………… 117

3.7 如何防止AI依赖 …………………………………… 129

## 第4章　DeepSeek赋能下的家庭教育新模式

4.1 DeepSeek让亲子关系变为合作 …………………… 136

4.2 DeepSeek助你构建低冲突沟通模式 ……………… 144

4.3 如何用DeepSeek制定学习制度 …………………… 153

4.4 如何用DeepSeek从分数导向到成长导向 ………… 163

4.5 如何用DeepSeek做"知识连接" ………………… 171

4.6 如何用DeepSeek助你成为"规则构建者" ……… 179

4.7 如何用DeepSeek助你科学陪伴孩子成长 ………… 190

4.8 当DeepSeek比你更耐心，你的陪伴还有何价值 … 198

## 第5章 未来的教育与育儿

5.1 AI工具有望成为未来家庭教育的基础 …………… 204

5.2 父母的焦虑与成长 …………………………………… 209

5.3 未来职业正在重构：教育应该跟谁走 ……………… 215

5.4 如何使用DeepSeek引导正确的价值观倾向 ……… 221

5.5 如何制定"家庭DeepSeek使用公约" ……………… 226

5.6 父母的终极角色：为孩子建立"内在导航系统" ……… 232

5.7 AI时代家庭教育新启发 ……………………………… 238

# 第1章

## DeepSeek 来了，你准备好了吗

## 1.1　DeepSeek 是一款全新的人工智能"家庭教育助手"

当前最火的 AI[①] 是什么？那就是能"聊天写作、答题编程"的大语言模型（Large Language Model，LLM）。大语言模型是通过大量文本数据训练出来的人工智能模型，能够理解和生成自然语言。它就像一个无所不知、出口成章的"超级大脑"，你只要向它提问，它就能对答如流，写文章、讲知识、编故事样样精通。简而言之，大语言模型就是一种能读懂人话，还能"写人话"的人工智能模型。

在众多大语言模型中，DeepSeek 是惊艳世界的实力新秀，它是由国内团队研发的中文大语言模型，诞生于中国 AI 技术生态获得突破性发展的 2023 年。DeepSeek 通过数千亿条中文数据的训练，掌握了庞大的知识库，拥有强大的语言表达能力。它不仅可以理解你的问题，还能用人类的方式回答你、帮助你。

如果你从没用过这类产品，可以把它想象成："这是一个拥有

---

[①]　人工智能（Artificial Intelligence）的英文缩写。指研究开发用于模拟、延伸和扩展人类智能的理论、方法、技术及应用系统的一门新技术科学。

知识＋逻辑＋表达＋情感模拟能力的智能伙伴。"它可以：

★解答语文、数学、英语题目。

★改作文、生成范文。

★帮你写计划书、工作汇报。

★充当心理陪伴者、沟通引导者。

★创造故事、提出创意、模拟角色。

★充当学习教练、习惯监督员、时间管理助手。

一句话概括：你只要能清晰地提出要求，它就能做出相应回答。而对于父母来说，DeepSeek正在悄悄成为全新的人工智能"家庭教育助手"。

## 1.1.1　DeepSeek 的优势分析

**更懂中文，更懂你说的话**

这是 DeepSeek 最突出的优势。当前其他 AI 产品如 ChatGPT，其主要训练数据是英文内容，遇到用中文表达特别复杂的题目时，有时会出现理解偏差或回答空泛的问题。

DeepSeek 不一样——它的"母语"就是中文。

比如你说：

★"小升初需要注意什么？"

★"帮我写一篇 600 字关于秋天的写景作文。"

★"五年级小朋友如何高效背诵古文?"

它都能精准理解,并用简单易懂的方式回答你。这一点,对于习惯中文思维的父母和孩子来说,至关重要。

**深度训练教育问题,对接中国课程标准**

DeepSeek 在设计时就有一个重要方向:服务教育。

它的训练数据和算法逻辑都特别强化了对语文、数学、英语、科学等学科知识的理解与表达,覆盖小学到高中阶段。

这意味着:

★它能生成符合课程标准的语文写作素材。

★它可以解答小学奥数题。

★它能归纳英语长难句。

它不是一个停留在通用知识库层面的基础 AI,而是真正进入课堂、熟悉课本、贴近考试需求的 AI 伙伴。

**适配中国家庭场景,家长用得更放心**

DeepSeek 的另一个显著优势,是对中国家庭用户的使用习惯进行了大量优化:

★支持中文语音输入、图像上传、格式识别。

★对"作业辅导、时间规划、学习建议"等家庭教育场景响应迅速。

★回答方式更温和，不含有讽刺、冒犯的语言。

它特别注重生成内容的实用性和与儿童交流的友好性，在你用它帮孩子解题时，不会出现不适合年龄的表达，也不会带有指责语气。

你可以安心地让孩子使用它，让它成为孩子的学习伙伴。

### 1.1.2 DeepSeek 助推教育个性化

教育的个性化时代已经到来，而 AI 是实现个性化的核心技术支持。

我们过去的教育系统，是为大群体设计的：

★一个老师对几十个学生。

★讲课方式比较单一。

★孩子听不懂的问题老师无法反复讲解。

但今天，越来越多家长意识到：

★每个孩子的学习节奏是不一样的。

★家长的时间、精力有限。

★单纯报班、补课成本高且效果不佳。

这时候，如果有一个可以"因材施教、随时陪伴、反应迅速"的 AI 工具，那你就拥有了一个"家庭教育超级助手"。

而 DeepSeek 就是这个超级助手，它永不疲倦，可以反复讲解，它会成为：

★教育孩子的"家长顾问"。

★孩子做题卡壳时的"万能讲解员"。

★家庭出现矛盾时的"情绪管理教练"。

★管理时间的"学习计划师"。

★激发孩子好奇心的"知识启迪者"。

这不是科幻,这就是现在。

### 1.1.3 家长该怎么用 DeepSeek？先学会"问对问题"

你不需要成为 AI 专家,也不需要懂编程。使用 DeepSeek,只需要学会"提出好问题",比如:

★"请帮我制订一份三年级学生的暑假学习计划,涵盖语文、数学、英语和课外阅读。"

★"请帮我用孩子能理解的方式讲解分数与小数的关系。"

★"列一个关于《红楼梦》的初中生读书笔记提纲。"

★"我家孩子最近情绪低落,不想学习,怎么安慰他？"

你的问题越具体,它就越能回答出精准的答案。但是,DeepSeek 不是用来替代你的,而是增强你的育儿能力——让你不再为"不会、没时间、没思路"而苦恼。

### 1.1.4 DeepSeek 是工具,更是塑造新教育观的助手

用 AI,不是为了"速成"和"投机取巧",而是为了:

★减少家长对家庭教育的焦虑。

★激发孩子的探索欲。

★解放家长的精力，调节家长的情绪。

★让孩子自发、愿意学习。

这其实也是未来教育的方向——让每个家庭都能拥有属于自己的"智慧学习生态"，DeepSeek 是最值得尝试的工具。

### 结语：不是 AI 多厉害，而是你是否愿意迈出第一步

在技术革命的浪潮里，教育将被重新赋能。你不需要一次学会所有技能，也不必担心不会操作，你只需要迈出第一步：和 DeepSeek 聊聊你的孩子、聊聊你的烦恼、聊聊你对未来的期望。

DeepSeek 会用它的方式，回应你——就像一位懂教育、懂孩子，也懂你的朋友。你只要迈出这一步，就能收获不一样的体验。

### 1.2 如何打造专属的"DeepSeek 育儿助手"

本篇将教你从 0 到 1 打造专属的"DeepSeek 育儿助手"。

只要你能把家庭教育问题准确告诉它，它就能以你想要的方式

回答。DeepSeek 只有在理解你的基础上，才能真正成为你的育儿助手。而理解必须通过训练和引导，你给它描述的家庭情况越清晰，它就越懂你家孩子的特点、你的育儿风格、你面临的挑战。

### 1.2.1　DeepSeek 实操训练：三步打造专属"DeepSeek 育儿助手"

**第一步：建立你的"家庭画像"，也叫"背景描述"**

首先，打开 DeepSeek 官方网站 https://www.deepseek.com/，点击"开始对话"。

进入注册页面，可以用手机号或者微信注册。

注册账号后即可直接登录到对话界面，DeepSeek APP 注册及登录方式相同。

开启"家庭画像"，你需要告诉 DeepSeek：

★你是谁（爸爸/妈妈/祖辈）?

★孩子的基本信息（年龄、年级、兴趣、性格特点、学习薄弱点)。

★家庭教育风格(自由、严格、鼓励型、目标导向型等)。

★当前面临的挑战(作业完成困难、情绪沟通困难、学习动力不足等)。

> 输入指令示例:

"我是一位12岁男孩的妈妈,我的孩子今年读五年级,性格比较内向,数学成绩不太好,喜欢动漫和画画。我们家的教育模式比较温和,我希望在不打骂的前提下,提高孩子的专注力和数学成绩。希望你今后帮我制订计划、提供建议、优化沟通模式。"

这一步很重要,DeepSeek 会根据你对家庭的描述生成后续的回答风格、建议方向。

### 第二步:加深助手模型的角色设定

接下来,要加深 DeepSeek 的"角色定位"。你可以创建多个角色,也可以融合为一个角色。

> 输入指令示例1:学习顾问角色

"我希望你扮演一位学习顾问,每天根据孩子的放学时间和作业情况,帮我合理安排时间,每晚我会向你反馈孩子的学习表现,希望你提出温和有效的鼓励建议。"

**输入指令示例2：情绪开导者角色**

"我会向你讲述孩子的情绪问题，希望你像一位温柔而理性的心理咨询师，帮我分析孩子的心理状态，给出理性的建议。"

你还可以要求它保持语气一致，比如温柔坚定型、幽默鼓励型、逻辑严谨型等，直到调试成你想要的语气。

第三步：设计育儿任务清单，形成可持续互动机制

你可以让 DeepSeek：

★ 协助制订每日、每周家庭学习计划。

★ 提前设计好作业辅导方案。

★ 预设孩子出现情绪波动时的应对策略。

★ 根据你的反馈评估孩子的学习状况或行为表现。

**输入指令示例：**

"请帮我制订一份兼顾学习与休闲的周末活动计划，内容包括语文预习、数学练习和一次户外活动。"

"请帮我设计一个睡前亲子沟通5问模板，用来增进我和孩子的交流深度。"

"孩子沉迷看短视频，请帮我生成一个以健康兴趣培养与亲子互动为核心的行为引导方案。"

完成以上三步，你就打造出了专属的 DeepSeek 育儿助手模型。

总结一下，你要告诉DeepSeek这三部分——你的家庭情况+DeepSeek的角色设定+需要DeepSeek为你设置怎样的任务，那么DeepSeek就会按你的意思生成你想要的内容。操作时可根据家庭和孩子实际情况对相关内容进行调整。

### 1.2.2　DeepSeek的进阶玩法

如何让DeepSeek根据你的要求逐步调整自己的表达方式？DeepSeek是带反馈机制的，也就是对于DeepSeek的回答你可以反馈或者再次提出要求，DeepSeek会根据你的反馈要求再结合上下文，给出调试后的答案。

比如：

★ "你说话太复杂了，孩子听不懂。"

★ "这个鼓励语太套路了，能不能更走心一点？"

★ "以后不要用'你一定能行'，换成'这次你已经比上次进步了'。"

★ "我喜欢你刚才那种轻松风格，请保持。"

你甚至可以让它保留你喜欢的对话语气，作为"模型语料库"。你还可以告诉DeepSeek注意用词，不要使用"你必须""你错了"这类激烈的言辞，而是用"你有没有想过……""我们可以一起尝试……"等温和提问式语气。

**输入指令示例：**

"请把'你作业为什么又没写完？'变成鼓励型表达方式。"

**DeepSeek输出示例：**

"最近完成作业时是不是遇到什么困难啦？有需要帮助的地方随时告诉我，我们一起想办法解决，相信你下次一定能做得更好！"

每次使用后可给 DeepSeek 以下反馈，继续微调风格：

★ "请用更口语化的表达回答问题。"

★ "回答能否简单一点？"

★ "语气有点冷，请更有温度一些。"

★ "请不要重复上次的建议，换个新建议。"

★ "孩子不喜欢听大道理，试试讲一个小故事。"

## 结语：未来的陪伴，从现在开始

每个家庭都不一样，每个孩子也都是独一无二的。DeepSeek 可以成为一个情绪稳定、逻辑清晰、24 小时在线的陪伴者。只要你用得巧，它会越来越像你理想中的"家庭育儿助手"，让它和你并肩作战，一起照亮孩子的成长之路。

## 1.3 如何用 DeepSeek 一句话教懂孩子

你是否也有过这样的经历？早上出门前，你叮嘱孩子"别忘了带作业"，结果孩子到学校发现作业落在家里了；做数学题时，你反复讲"这道题要先算括号内的部分"，孩子听得很认真，结果又把顺序搞错了；你一遍遍讲，语气越来越重，孩子的眼神却越来越空洞。

家长讲题时往往包含了经验、推理、抽象逻辑，但孩子的思维却更依赖具体、形象的反馈。比如你说"这道题目你要灵活变通"，但是孩子并不理解，什么是"灵活变通"，怎么做到"灵活变通"。

想让孩子理解，不是通过一次讲解就能做到的，它更像是家长与孩子的"频道匹配"。所以，家长与其执着于"我讲了多少遍你都听不懂"，不如更关注：

★我说的方式孩子能接受吗？

★他理解后的反馈我有注意吗？

★有没有更形象的表达方式？

DeepSeek 擅长的是用"具体情境化表达"来重新表述你要说的内容，它能够用孩子听得懂的方式——比喻、类比等手法，把复杂的逻辑转化成可感知的信息。

例如：

家长："你不能再拖拖拉拉了，要提高学习效率。"

孩子："我好像又做错了……但我不知道怎么'提高学习效率'。"

DeepSeek 可将"提高学习效率"的表达优化为"你是一个正在升级的游戏角色，任务是 30 分钟内打败'拖延症怪兽'，通关后就可以开启下一关"。

想要 DeepSeek 说出孩子能听得懂的话，要先给 DeepSeek 准确的提示词。它能成为你和孩子交流的语言翻译器。

输入指令示例：

"孩子老是不专注，我想告诉他'要集中注意力'，请帮我换成适合一年级孩子理解的说法。"

DeepSeek输出示例：

"宝贝，知道吗？你的专注力就像奥特曼的能量光波。当你在写作业的时候保持专注力，就像奥特曼使用能量光波对付怪兽，唰——就能把作业完成啦！"

### 批评变鼓励

家长:"你怎么总是粗心!"

**输入指令示例:**

"请你用温柔的、正向的语气告诉孩子:粗心是可以改的,并用一个'细心小侦探'的故事来引导。"

**DeepSeek输出示例:**

"宝贝,你知道吗?每个小朋友心里都住着一个'细心小侦探',有时候他可能有点贪玩,但只要我们轻轻唤醒他,他就会帮你找出所有的小错误。"

### 不再抗拒学习任务

家长:"快去写作业,不然又做不完了!"

**输入指令示例:**

"请你生成一段轻松幽默的引导语,把写作业变成闯关游戏,引导语要适合小学阶段的孩子。"

**DeepSeek输出示例:**

"叮!作业星球发来求救信号啦!它需要你的数学知识才能摆脱危机。准备好解救作业星球了吗?"

**习惯养成变得具象**

家长:"你要养成好习惯,不要三天打鱼,两天晒网。"

`输入指令示例:`

"请你用一个比喻,帮孩子理解为什么'坚持'能让结果变好。"

`DeepSeek输出示例:`

"坚持就像每天往魔法存钱罐里投一枚硬币,等罐子满了,魔法存钱罐就会变出意想不到的宝贝!"

你会发现,同一句话换个方式表达,孩子的反应截然不同,而作为家长也能更轻松地和孩子沟通。

## 结语:教育孩子不只要"说对",更要"说进心里"

在亲子沟通中,我们要走近、理解孩子。当你想叮嘱孩子,鼓励、帮助孩子时,试着把"说的方式"交给DeepSeek优化一下。你会发现也许不需要大吼大叫,也能让孩子变得听话。

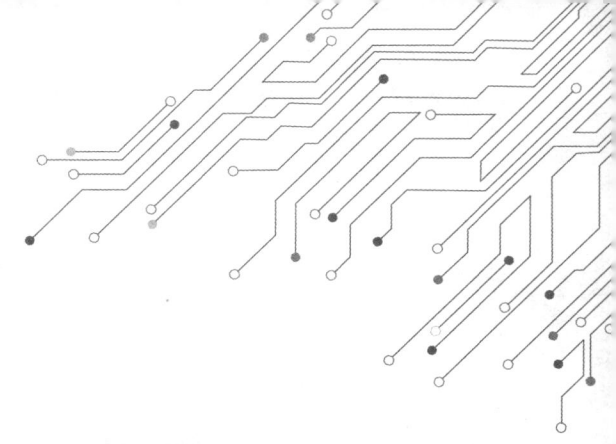

# 第 2 章

## DeepSeek 助你破解家庭教育难题

## 2.1 如何用 DeepSeek 从根源激发孩子内驱力

★"我家孩子每天都要我催着学,一放松就躺着刷手机,真是不管不行,一管就吵架。"

★"讲了几遍的题,他点头却不动笔,难道他天生就不爱学习?"

如果你也有类似的困扰,应该问一问:"为什么孩子不爱学习?是没人辅导,还是没动力?"其实,很多孩子并不是不爱学习,而是不知道"为什么要学""该怎么学"。他们缺乏的是一种构建意义感的能力。

### 2.1.1 DeepSeek 实操方案:帮你找到"对话的突破口"

与其一次次灌输道理,不如一次找到正确的方式。DeepSeek 的语言组织和思维联想能力,天然适合扮演"意义引导员"的角色,让家长从说教者变成和孩子一同发现做事意义的人。

以下是几个实操范例,帮助你用 DeepSeek 进行意义引导的对话设计：

**家长训练提示词：构建"意义引导员"**

> 输入指令示例：

"我家孩子今年读小学五年级，最近总说学习没用，不想写作业。请帮我设计一段既能理解他心情，又能引导他看到学习意义的亲子对话，语气要温和有耐心，最后提出一个小目标。"

> DeepSeek输出示例：

家长："我看你今天写作业的时候有点不开心，是因为作业太难了吗？"

孩子："不是，就是不想写，觉得没什么用。"

家长："你这么觉得一定是有原因吧？你能告诉我是什么时候开始有这种感觉的吗？那我们试试给今天的学习设一个小目标，比如先写完语文作文，写完我们一起做点好玩的，你觉得怎么样？"

这类对话，孩子会觉得你"不是在管我，而是在理解我"。而理解是激活孩子内驱力的第一步。

**DeepSeek 辅助生成"目标与反馈"机制**

孩子之所以没有内驱力，往往不是不想做，而是不知道怎么开始，或者做完得不到成就感。你可以引导 DeepSeek 生成个性化的"任务—反馈—即时奖励"方案。

**输入指令示例：**

"请根据初一学生的学习内容，帮我设计一周的学习小目标，每个目标都要有明确的行动步骤、完成标准和达成后可获得的奖励建议，鼓励孩子自主规划。"

**DeepSeek输出示例：**

周一：完成语文阅读理解训练题5道，准确率达到80%以上。

奖励建议：完成后可自主选择15分钟休闲活动（如听音乐、打乒乓球等）。

家长任务：提供鼓励语和小贴纸记录完成情况。

这种"任务—反馈—即时奖励"的闭环，既能增强孩子的参与感，又能逐步让孩子建立"我完成任务，我就能有奖励"的心理预期。

## 2.1.2 DeepSeek 教你打通"情绪—认知—行为"通道

在家庭教育中，我们常常看到这样的场景：

★孩子考试失利后情绪低落，不愿复盘。

★面对复杂的学习任务，总想拖延时间。

★听懂了课堂内容，但做作业时却不懂了。

这些看似不同的问题，实际上是由同一个问题引起的：孩子的"情绪—认知—行为"通道被堵住了，这是认知行为疗法[①]（Cognitive Behavior Therapy）中非常核心的一个模型，它指出：情绪（Emotion）、认知（Cognition）、行为（Behavior）三者相互作用，形成一个闭环。

简要来说就是情绪影响我们如何看待问题；认知决定我们做出什么样的解释；行为则是我们最终的应对方式。例如，数学考试考砸引起孩子沮丧情绪，孩子觉得"我就是学不好数学"，不想复盘，开始逃避行为。

如果家长在此时强硬地要求孩子："你快点把错题订正完！"只会让孩子产生抵触心理，行为配合但认知封闭，结果仍旧无效。正确的做法应该是从情绪出发引导认知重构，最终影响行为。这正是DeepSeek能协助家长的地方：通过设计对话，打开"情绪＋认知"的窗口，再带动行为转化。

> 输入指令示例：

"我家孩子数学考试考砸了，现在很沮丧，觉得自己学不好

---

[①] 由美国心理学家A.T.贝克提出的一种心理治疗方法，用于治疗抑郁症、焦虑症等心理疾病，强调改变个体的认知和行为，从而减轻个体痛苦的情绪。

数学,帮我生成一段话,安抚孩子的情绪,改变孩子的认知,让他愿意复盘考砸的原因。"

> DeepSeek输出示例:

"宝贝,这次没考好你一定很难过,我非常理解你的心情。但一次考试不代表什么,它只是提醒我们哪里需要加强。学数学就像学骑自行车,偶尔摔倒几次,是为了让我们更快学会。你是个聪明的孩子,只是暂时遇到了小挑战。让我们一起看看试卷,找出错题,把它们变成下次进步的阶梯好吗?"

### 2.1.3　DeepSeek的应用技巧与提示词模板

**情绪识别与共情反馈**

目的:帮助孩子表达情绪、被人理解,而不是被情绪压抑。

> 输入指令示例:

"我家孩子因为考试没考好,闷闷不乐,也不愿说话。我想用温和的语气和他沟通,让他知道我在意他,不是因为成绩,而是因为他本身。请帮我写一段亲子对话,不带指责。"

> DeepSeek输出示例:

"我注意到你今天回来后有点不开心,我不确定是不是因为考试的事，但我想告诉你，无论成绩如何，我都愿意听你说说感受。"

这类对话能为孩子营造一个安全的表达空间，情绪得到释放后，才有可能进入理性沟通。

**认知重构**

目的：让孩子用新的视角看待问题，重建"我可以""这件事值得努力"的认知结构。

> 输入指令示例：

"我希望通过一次亲子对话，帮助我读初一的孩子重新认识'努力的意义'。他总说学了也没用，我不想讲大道理，希望能引导他从兴趣、成长或者未来生活的角度理解。请写一段能和孩子共情又有引导力的对话。"

> DeepSeek输出示例：

家长："你说得对，有时候努力看起来没有立即带来你想要的结果，我也曾经这么想过。但你有没有发现，努力本身，其实也会慢慢改变你自己，像你最近坚持练篮球，动作是不是比之前顺多了？"

通过具体可感知的经验，帮助孩子将"努力"从抽象概念转换为有价值的过程体验。

### 行为激活与提高自我效能

目的：让孩子从"愿做"过渡到"想做"，再迈向"能做"。

**输入指令示例：**

"请帮我为我家读五年级的孩子设计一个'作文任务分解卡'，他最近写作文总拖延。我希望分解后的作文小任务可视化，每次完成一个小任务都有小成就感，最后能独立完成整篇作文。"

**DeepSeek输出示例：**

作文任务分解卡：

第一步：选定一个熟悉的话题（2分钟内完成）。

第二步：列出3个相关的小故事或场景。

第三步：用"起因—经过—结果"的框架写成5句话草稿。

第四步：正式写作，分两段完成。

完成后奖励：贴一张"写作之星"卡片，积满3张换一张免除一项家务劳动的特权卡。

激发孩子学习的内驱力就像打通一条小溪，需要循序渐进。打通了"情绪转认知""认知转行动"的环节，孩子就能更加主动学习。

## 2.1.4 家长角色的转变：从"追着管"到"用好助手"

借助 DeepSeek，家长不再是疲惫的"提醒者"，而是有策略的"引导者"。

在使用 DeepSeek 时，可以从以下三个角度思考：

★帮孩子找到做事的意义感：不仅是"要做什么"，更是"为什么做"。

★设计协同任务系统：让孩子感觉自己不是孤军奋战，而是和你共同完成。

★构建合理反馈机制：学习的成就感不仅是被夸，还是被记录、被认可。

你可以每周在固定时间让孩子说出想学的东西，再由 DeepSeek 辅助生成学习目标与方法。还可以请它帮你设计一份"家庭学习计划表"或"亲子共学日志"，设置"周末目标回顾"，增强仪式感。

### 结语：与其催着孩子学，不如激发他想学的动力

如果一个孩子永远只是被推着走，那么他终究会停下。但如果他开始"想走"，他的脚步就会更加坚定。DeepSeek 虽然代替不了家长的爱，但它能帮你找到打开孩子内心的方式，让你在亲子对话中激发孩子的学习内驱力。

## 2.2 如何让 DeepSeek 成为"作业分解助手"

近年来,作业辅导已成为家长的难题。而这种陪写模式的最大问题不是你累,而是你代替了孩子的"学习大脑"——你在思考、分析、安排时间,孩子却成了一个被动执行者。

这种局面之所以常见,本质上是因为孩子缺乏任务管理能力——他无法把一个复杂的学习任务分解成若干个小任务,也不会规划时间来完成这些任务。久而久之,孩子的学习主动性越来越弱,而家长的情绪越来越失控。

DeepSeek 的强大能力不仅在于知识储备广,更在于可以根据指令完成任务分解、计划生成、语言润色等一系列辅助工作。通过适当训练,它可以成为一个个性化的"作业分解助手":

★将一个大任务(如语文阅读、数学应用题、英语作文)拆成多个具体小任务。

★提示孩子每一步该做什么、目标是什么。

★提供参考素材或范例,降低任务起步难度。

★根据不同年级孩子的能力,输出难度适宜的建议和适宜的问题引导。

它不是"替孩子做",而是"陪孩子练"——提供结构框架,留出思考空间。

## DeepSeek 实操方案:三步打造"作业分解助手"

### 第一步:输入基础信息

这一步是帮助 DeepSeek 建立"孩子是谁"的基本认知。通过输入孩子的年级、学习习惯、性格特点(如拖延、容易分心等),模型能输出符合个体需求的作业分解建议,这是打好"地基"的关键一步。

**输入指令示例:**

"我是一名家长,我家孩子是三年级学生,做作业容易分心,尤其是语文作业写不完。请你帮我生成一张'今日作业分解表',将完成今日作业的大任务,分解成一个个易于完成的小任务。表内包含小任务的名称、目标、预估时间、是否需要协助。"

提示:添加孩子"年级+特点+习惯"的信息越具体,模型输出越贴近实际。

**第二步：添加"目标—方法—反馈"的任务思维逻辑**

这一步通过让 DeepSeek 将作业任务结构化为"做什么（目标）—怎么做（方法）—完成后如何检查（反馈）"，让孩子不仅知道"要做什么"，更知道"怎么做"和"做得好不好"。这是训练孩子"任务思维力"的过程，帮助他们从"盲干"转向"有序执行"。

> **输入指令示例：**

"请用'目标—方法—反馈'的格式，将小学四年级的数学作业（附件）'应用题训练 P32~P35'拆解成 4 个学习步骤，每步都要写清楚目标和怎么做，以及完成后的简单自我检查建议。"

提示：可以如下图将作业拍照以附件形式上传，或者直接将题目给到 DeepSeek。

> 我是 DeepSeek，很高兴见到你！
> 我可以帮你写代码、读文件、写作各种创意内容，请把你的任务交给我吧~

请用目标—方法—反馈的格式，将小学四年级的数学作业（附件）"应用题训练 P32~P35"拆解成 4 个学习步骤，每步都要写清楚目标和怎么做，以及完成后的简单自我检查建议。

深度思考 (R1)　联网搜索　　　　　　　　　　📎 ⬆

↖ 上传附件

> **DeepSeek 输出示例：**

Step1：预读题干 & 画重点（3 分钟）

目标：快速识别题目类型（如行程问题、倍数问题）和关键数据。

方法:用荧光笔画出:数字(如"每小时60千米")、关系词(如"比……多")、问题句……

Step2:画图(5分钟)

目标:将文字转化为图形或算式框架。

方法:图形题(如行程):画线段图,标出速度、方向、距离……

Step3:分步计算(8分钟)

目标:确保每步计算可追溯,避免跳步。

方法:用编号分步(例:① 60×3=180km ② 280−180=100km)……

Step4:错题归因(7分钟)

目标:建立错题库。

方法:用三色笔在错题旁标注:计算错误则补一道相似的口算题……

### 第三步:生成每日作业计划表 + 鼓励语

通过整合任务步骤与时间安排,形成一个清晰的"当日学习路线图",再配上一句轻松温暖的鼓励语,能有效提高孩子的情绪状态和执行力,帮他树立完成任务的信心。这是把"理性执行力"和"情绪激励"融合起来的一步,引导孩子形成正向反馈的学习认知:

"请你根据以上作业任务,为每项任务加上一句简短的鼓励语,适合10岁孩子,风格像老师对学生说的话。例如:'别急,一步步来。''这道题看上去难,但你已经会做一大半了!''就差一点点,再努力一下!'"

陪伴孩子做作业,家长的角色应该从指挥变成辅助。DeepSeek就像一个可定制的陪孩子做作业的机器人,它能根据你的输入快速生成结构清晰、任务明确的学习计划,让孩子逐步形成自我管理的学习意识。

更重要的是,孩子通过每日任务分解表,潜移默化地学会了:如何开始任务、如何管理时间、如何对结果进行自我评价。这些能力是终身学习能力的基础。

## 结语:从陪写到陪练,DeepSeek 解放你,更赋能孩子

如果你每天都被陪孩子写作业逼到崩溃,不妨从今天开始试着这样问 DeepSeek:"帮我把这份作业分解成孩子能理解的小步骤。"学会设计指令,打造属于孩子的"作业分解助手"。

## 2.3 如何用 DeepSeek 制定"科学表扬模板"

夸孩子是家庭教育中最常用的激励方式之一,但"怎么夸""夸什么""什么时候夸"却是有门道的。

在正式训练 DeepSeek 生成表扬模板之前,先让我们了解科学表扬的三个核心原则:

**表扬过程而非结果**

鼓励孩子在解决问题中的具体行为,而非单一成果。例如:"你这次复习计划坚持得很认真,每天都有按时执行,进步很大!"

**使用具体描述而非模糊标签**

避免"你真棒""你真聪明"这类标签型评价,而是说出孩子做了什么、怎么做的。例如:"你用自己的办法把数学题拆解开来,说明你很用心。"

**瞄准孩子的心理需要**

每个孩子的性格不同,表扬的重点也应因人而异。内向的孩子需要鼓励其表达，外向的孩子需要赞赏其专注；目标感强的孩子需要认同其努力，缺乏自信的孩子则更需要情绪上的肯定。

理解这些原则后，我们就可以进入实操部分：如何利用 DeepSeek 生成一套专属于孩子的"科学表扬模板"。

### 2.3.1　DeepSeek 实操方案：三步打造"科学表扬模板"

**第一步：输入孩子的性格特征**

在提示词中简要介绍孩子的性格、优点和成长困扰，这将帮助模型找到表扬的切入点。

**输入指令示例：**

"我的孩子是读五年级的女生，性格比较敏感内向。她最近开始尝试主动举手回答问题，这对她来说很难。请帮我生成一段适合她的表扬语，体现她的努力和勇气。"

**DeepSeek输出示例：**

"妈妈/爸爸知道你今天主动举手回答问题了。我知道这对你来说需要很大的勇气，你特别棒！就像种子一点点突破泥土的覆盖一样，你的每一次尝试都在让自己变得更勇敢！"

### 第二步：描述孩子的具体行为

深度还原孩子做了什么，强调行为而非结果。

**输入指令示例：**

"孩子今天独立完成了一篇读书笔记，还尝试加入了自己的见解。请生成一段夸奖内容，重点突出她的思考能力和认真的态度。"

**DeepSeek输出示例：**

"宝贝，这篇读书笔记完成得很好，妈妈/爸爸特别喜欢你写的（具体引用孩子的一个见解）这个想法，这说明你不仅认真读了书，还动脑筋思考了（竖起大拇指），这种认真的态度比得100分还珍贵！"

### 第三步：输出多版本可选语言，让表扬更有温度

让DeepSeek一次性生成多种风格的夸奖语，家长可以选择最符合情况的一条。

**输入指令示例：**

"请用'温暖型''幽默型''鼓励型'三种风格，分别生成一句夸奖语，场景是孩子主动拖地，还整理了鞋柜。"

> **DeepSeek 输出示例：**

温暖型："宝贝，妈妈/爸爸一进门就发现地板亮晶晶的，鞋柜也整整齐齐的，原来是你帮忙做了家务，家里有你这样细心的小帮手，我真是太幸福了！"

幽默型："哇！咱们家是来了个'清洁小精灵'吗？地板干净得能照镜子，鞋子还摆得这么整齐——这位清洁小高手，下次能教教妈妈/爸爸吗？"

鼓励型："主动想到要拖地、整理鞋柜，这份责任心太让人骄傲了！下次大扫除你当'卫生小队长'好不好？"

### 2.3.2 不同的孩子需要不同的"夸奖模板"

**习惯回避困难的孩子**

关键词：成长心态、面对挑战、解决问题、进步可见

> **输入指令示例：**

"我是一名家长，我的孩子总是逃避遇到的困难。这次他/她主动（具体行为）……说明他/她愿意面对挑战。请帮我生成一段表扬语，突出孩子的努力过程和成长意识，语言要真诚、具体。"

**DeepSeek输出示例：**

"你这次没有回避错误，而是选择直面问题并总结，这是很多成年人都不容易做到的事。"

"每一次你选择坚持下去，都是在为自己积攒能量。今天你又向前走了一步，很棒！"

### 缺乏自信的孩子

关键词：突破自己、勇气可贵、努力值得认可、自我超越

**输入指令示例：**

"我的孩子平时比较胆小、缺乏信心。这次他/她尝试（具体事件）……虽然过程中有些紧张，但坚持完成了。请用温暖、鼓励的语言表扬孩子的勇气与突破。"

**DeepSeek输出示例：**

"宝贝，你站在那么多人面前，虽然紧张却依然坚持发言，这需要很大的勇气。我看到你的努力，也为你感到骄傲。"

"宝贝，今天你在家长会上分享心得的时候，妈妈/爸爸特别为你骄傲！虽然有点紧张，但你还是坚持把发言内容都认真讲完了。下次我们可以一起练习，等你准备好了，再试试看，好吗？"

### 做事有耐心的孩子

关键词：专注力、坚持、认真、不放弃

**输入指令示例：**

"我的孩子在（具体事件）……上花了很多时间，一直坚持没有放弃。请生成一句细腻、有画面感的夸奖，表扬孩子的耐心和坚持。"

**DeepSeek输出示例：**

"宝贝，看着你一块块地拼出这幅拼图，就像你用耐心在建一座属于自己的城堡。这个世界会奖励懂得坚持的人，今天你已经有了一个好的开始。"

"宝贝，你拼图时专注的样子像在解谜的侦探，连最难找的小块拼图都被你发现了！"

不同的孩子需要不同风格的表扬，关注孩子的需求，能让你的夸奖实现最大的作用。以下是5类常见场景的夸奖语提示词：

| 场景 | 科学表扬提示词模板 |
| --- | --- |
| 主动学习 | 关键词：主动、成长、负责、自我管理<br>我的孩子今天在没有提醒的情况下主动完成了（学习任务）……而且还（行为亮点）……请生成一句表扬他/她主动学习、自我管理的语言，语气积极、有感染力 |

续表

| 场景 | 科学表扬提示词模板 |
|---|---|
| 情绪控制 | 关键词：情绪管理、冷静、同理心<br>我的孩子今天在与（家庭成员/同伴）发生小冲突时，控制住了情绪，先让了一步。请用温暖、有成长意味的话语表扬他/她的情绪管理能力，让他/她明白这样做值得表扬 |
| 帮做家务 | 关键词：责任感、细心、劳动<br>我的孩子今天吃完饭后主动帮忙（具体家务），做得很认真。请用具体、有画面感的语言表扬他/她的责任感和劳动意识，语气亲切 |
| 表达进步 | 关键词：表达、演讲、文学性、比喻<br>我的孩子今天在（具体场景）……中使用了（表达亮点）……这是一次明显的表达进步。请用优美的语言写一句表扬语，让孩子感受到表达的魅力 |
| 自我坚持 | 关键词：计划、持久、意志、目标感<br>我的孩子制订了一个一周读完一本书的计划，并每天按时完成，没有拖延。请帮我写一句认可他/她坚持不懈的表扬语，强调内在驱动力和意志力 |

建议家长将这些提示词输入DeepSeek，每周更新一次，让夸奖成为家庭日常的习惯，逐渐激发孩子的内在动力。

## 结语：用表扬的方式点燃孩子的"成长引擎"

科学的表扬，不仅仅是语言的奖励，更是一种认同。有了DeepSeek，家长不再苦于"不会夸"，也不必担心"夸不对"。

尝试制定你的专属"表扬词库"，用DeepSeek为孩子的成长注入更多正能量。

## 2.4 如何用 DeepSeek 建立兴趣替代与行为引导机制

★ "我说了不许玩，你怎么又在偷偷打游戏？"
★ "手机没收了他就哭闹，电脑关机他就发脾气。"
★ "写作业三分钟就想玩游戏，怎么管都不行……"

其实，游戏上瘾是因为孩子在现实世界中缺乏心理满足，而游戏提供了目标清晰、反馈明确的体验。与其一味压制，不如用 DeepSeek 辅助我们重建激励系统，通过"兴趣替代"+"行为引导"的方式，让孩子主动从虚拟世界中脱身。

DeepSeek 可以帮助你发现孩子的真实需求、兴趣方向与可替代路径，协助你制定替代游戏的策略，并建立行为反馈机制。

**DeepSeek 实操方案：三步构建"游戏引导计划"**

**第一步：找准沉迷背后的真实心理需求**

孩子玩游戏，背后的动机常常不只是爱玩那么简单，而是来自以下几个原因：

★成就感缺失：在现实中很少被认可，但游戏里可以"升级""通关""得高分"。

★社交补偿：缺乏朋友或有沟通障碍，游戏好友组成了他们的"社交圈"。

★注意力分散：对现实世界的学习任务感到枯燥而难以专注。

★情绪逃避：用游戏逃避焦虑、孤独、被否定的沮丧。

### 输入指令示例：

"我是一名家长，我的孩子最近对（具体游戏名）非常沉迷，每天都要玩。我怀疑他是因为（情绪/人际/成就感）问题在游戏中寻求满足。请你列出5个可能的心理原因，并提示我如何一步步了解他的真实需求。"

### DeepSeek输出示例：

孩子玩游戏的5个可能的心理原因：

1. 成就感缺失，现实中的学习/社交受挫，游戏通过即时奖励（升级、排名）给予他"我能行"的反馈。

2. 社交归属感，游戏中可能有固定队友，他在虚拟世界中获得了现实中缺乏的友谊或认同。

3. 情绪逃避，游戏可能是他对抗压力（如学业、家庭矛盾）的"安全屋"，通过沉浸感暂时忘记烦恼。

4.自主权渴望,游戏中的自由决策(角色养成、战术选择)弥补了现实中被过度管控的无力感。

5.感官刺激需求,游戏的视听效果和快节奏填补了现实生活的单调感。

了解孩子真实需求的步骤:

第1步:观察而非评判……

第2步:用"好奇式提问"打开对话……

第3步:提供替代性满足……

第4步:共同制定规则……

关键原则:避免断崖式戒断,突然禁止可能加剧孩子的逃避心理。

### 第二步:构建"兴趣替代清单+动机转移方案"

游戏可以慢慢"让位",想要建立孩子同样能获得满足感的替代通道,需要"兴趣替代+动机转移"双管齐下。

**输入指令示例1:**

"我是一名六年级孩子的家长,孩子目前沉迷于(具体游戏名),我想寻找3~5个能激发他兴趣,同时具备挑战性和成长性的替代活动。请结合他的年龄段、性格特点和以往的表现,为我推荐替代选项。"

**输入指令示例2：**

"请结合我家孩子的游戏偏好（如策略类、竞技类、建造类等），帮我制订一个用活动兴趣替代游戏兴趣的计划，包括活动内容、每周目标、奖励机制、反馈方式等。"

第三步：设计"行为引导机制"，让 DeepSeek 成为家庭"正向反馈器"

替代不是强行转移，而是借助 DeepSeek，构建一个有节奏、有目标、有反馈的成长机制。

可以运用"行为任务生成 + 亲子协作机制"进行引导。

**输入指令示例：**

"我希望帮孩子逐步减少游戏时间，建立'阅读 + 运动 + 创作'三项兴趣任务。请用类似'闯关'的形式，为他设计一套一周行为计划，包括计划任务、激励机制和每晚复盘提问。"

## 结语：转移孩子对游戏的吸引力，要循序渐进

当我们利用 DeepSeek 的生成能力，将家庭教育变成"有目标、有反馈、有奖励"的一套有效机制，孩子才有可能把注意力、创造力、成就欲转移到现实生活中，才能戒掉游戏。

## 2.5 如何用 DeepSeek 建设"情绪对话桥梁"

★ "我说一句,他顶十句。"

★ "只要我一提作业,他就翻白眼。"

你是否也有这样的时刻,怀疑自己是不是一个失败的父母?又是否疑惑——明明自己是为了孩子好,为什么亲子之间却总是亲近不起来?

其实,绝大多数的亲子矛盾的产生,是因为孩子感受到的不是"理解",而是"指责""控制""否定",他们本能地会抗拒一切沟通。

DeepSeek 可以为你搭建"情绪对话桥梁",缓解亲子间的关系,拉近彼此的心。

### 2.5.1 DeepSeek 实操方案:三步建设"情绪对话桥梁"

**第一步:理解不是讲道理,而是"情绪共情"**

传统家庭教育中常见的误区有:

★孩子发脾气,家长立刻讲道理。

★孩子沉默，家长质问"你怎么回事？"。

★孩子顶嘴，家长说"你这态度就有问题"。

这样的对话，几乎无法在亲子之间建立真正的连接。因为孩子渴望被理解，而不是被责骂、被说教。

**输入指令示例：**

"我的孩子最近脾气很大，动不动就哭闹，尤其不喜欢写作业。请你从孩子的角度出发，分析他可能受到哪些情绪的影响，我应该如何回应，才能让他感受到被理解？"

**DeepSeek输出示例：**

可能的情绪原因：

对作业感到无能为力，进而产生挫败感与逃避心理。

担心做不好被批评，内心紧张焦虑。

渴望更多自由时间，但时间被学习任务占据，产生压抑感。

家长回应建议：

避免立即批评，而是先说："我看到你现在情绪不太好，要不要先休息一下？调整一下情绪，或是说说有什么烦心事。"

表达理解："是不是写作业太累了？今天确实学了很久，我非常理解你的感受。"

设立"五分钟充电时间"：烦躁时可以让孩子撕废纸、画涂鸦，等情绪恢复后再回到学习模式。

家长可以将 DeepSeek 生成的共情语句，用在日常亲子沟通中，使用更柔性的回应方式。

**第二步：学会表达情绪**

很多家庭冲突的背后，其实是孩子不会表达情绪，所以只能爆发。孩子没有学会正确地表达情绪，因此通过尖叫、摔东西、沉默等方式表达。

但如果我们能教会孩子说"我现在很委屈""我很害怕被骂""我不确定我是不是做得好"，他们就不再需要用攻击的方式来宣泄情绪。

DeepSeek 可以成为"亲子情绪翻译器"，帮助家长把孩子的情绪行为翻译成可沟通的语言。

**输入指令示例：**

"当我的孩子一被我提醒就大声回嘴，并说'你烦不烦'，请你帮我分析这句话背后的真实情绪，以及我应该如何回应才能引导他说出内心的真实想法。"

**DeepSeek输出示例：**

孩子的潜台词可能是：

"你总是不分时机地打断我,让我感到没有自由。"

"我知道我没有做好,但我不想再被提醒了,我已经够烦的了。"

家长可以回应:

"我知道你不喜欢我现在说这些,我也在学习怎么在合适的时候提醒你。"

"我们可以约定一个'你准备好再告诉我'的沟通信号,好吗?"

这样的语言,给了孩子台阶,能让他们更易接受。

**第三步:协作沟通,而非对抗控制**

打通"情绪—认知"通道之后,才能改变行为。

现实中,很多家长在第一步就跳到"该怎么做",结果换来孩子的反抗。DeepSeek 可以帮助你建立"协作沟通模板",让孩子感受到:"我们是一起解决问题的人",而不是"我是被控制的人"。

> 输入指令示例:

"请帮我设计一个家庭沟通的对话脚本,我想和孩子一起讨论'如何让每天写作业更顺利',语气要平和,包含听孩子意见、共同想办法、制订计划三个部分。"

**DeepSeek输出示例：**

妈妈："我发现最近我们写作业的时候，总是有点小冲突。你愿意告诉我，你最不喜欢的是哪一部分吗？"

孩子："你老在旁边看着我，我感觉压力好大。"

妈妈："原来是这样，那你希望我怎么做会更舒服？"

孩子："你可以在我问你之前，先不要管我。"

妈妈："这个建议很好，那我们约定一下，如果你遇到不会的，就用'举手'提醒我来帮你，好吗？"

孩子："可以。"

这样的对话，不仅能有效避免情绪爆发，也能在潜移默化中教会孩子如何表达、协商、做决策。

### 2.5.2 "情绪—认知—行为"三部曲：DeepSeek家庭关系修复流程图

整合以上内容，我们可以设计出一个亲子关系修复三步法：

| 步骤 | 目标 | DeepSeek辅助工具 | 关键提示词 |
| --- | --- | --- | --- |
| 情绪识别 | 看见彼此情绪 | 情绪解析＋共情建议 | "请分析孩子说××时的情绪成因" |
| 认知翻译 | 明确内心需求 | 情绪语言翻译模板 | "请将孩子的行为翻译成内心语言" |

续表

| 步骤 | 目标 | DeepSeek辅助工具 | 关键提示词 |
|---|---|---|---|
| 行为协作 | 共同解决问题 | 场景脚本＋协商方案 | "请帮我设计一个协作式对话模板" |

这个方法不仅适用于辅导作业时争吵这一类具体问题，也适用于日常生活中，如起床拖拉、做事不专心、情绪暴躁等各种亲子矛盾。

## 结语：父母的有效共情，是缓和亲子关系的利器

真正改变亲子关系的，从来不是工具本身，而是父母愿不愿意理解孩子，减少控制欲、建立有效连接。

当你愿意不再以"谁听谁的"为目标，而是以"我们能不能一起好好说话"为出发点时，DeepSeek就可以成为你最有力的"情绪对话桥梁"。

请记住，孩子需要被理解。父母总想给孩子最好的，但若只用"为你好"为理由拒绝沟通，代替孩子做决定，爱便成了枷锁。当你先接纳孩子的情绪，孩子才会接受你的道理。

## 2.6 如何用 DeepSeek 做兴趣分析与规划

在许多家庭教育的关键决策时刻,家长都会面临一个终极难题:我的孩子究竟适合学什么?他是真的喜欢画画,还是只是想躲避写作业?

传统的兴趣测试往往耗时长、缺乏具体行动建议,这时,如果我们能用 DeepSeek 建立一个"兴趣分析系统",结合孩子的行为语言、真实表达、成长经历和生活偏好,将会获得一套更贴合孩子真实潜力与愿望的"学习地图"。

**孩子的兴趣不是说出来的,而是做出来的**

很多家长误以为"你喜欢什么?"这个问题能直接揭示孩子的兴趣,但事实是:

★ 3岁的孩子可能每天都想成为不同的人,比如,宇航员、蛋糕师……

★ 8岁的孩子可能只是因为朋友在学钢琴,也想试一试。

★ 13岁的孩子常常以"不知道""无所谓"回应一切选择。

判断孩子的兴趣,不是看他们说什么,而是看他们花时间在什么事情上、做什么事最专注、遇到困难是否愿意坚持等细节。

借助DeepSeek的多轮推理能力与语言识别能力,家长可以通过设计一套兴趣访谈提示词,一步步引导孩子挖掘内在喜好和潜力,并在此基础上构建出适合孩子的学习路径。

### 2.6.1 DeepSeek 实操方案:三步实现兴趣分析与规划

**第一步:设计一场家庭兴趣访谈**

如果你坐在孩子面前,想了解他真正喜欢什么,千万不要直接问"你喜欢什么",而应该引导他回顾过去的经验与行为痕迹。

**输入指令示例:**

"请帮我生成一个针对10~14岁孩子的'兴趣访谈问题清单',引导孩子回顾成长过程中的爱好、成就感来源、沉浸时刻、模仿对象、梦想职业等,适合家长一问一答式访谈使用。"

**DeepSeek输出示例:**

"如果用一个动物或超级英雄比喻自己,你觉得哪个最像自己?为什么?"

"在做哪件事(如拼乐高、画画)时会让你忘记时间?"

"你觉得自己最厉害的'隐藏技能'(哪怕是很小的事,如快速叠衣服)是什么?"

"如果你能和任意一位名人共度一天,你会选谁?你想问他/她什么问题?"

家长可以将上述问题手写或打印成访谈卡片,营造轻松的谈话氛围,让孩子畅所欲言,DeepSeek可以协助整理对话内容,识别出关键词,做第一轮兴趣画像分析。

### 第二步:生成个性化兴趣分析报告

在家庭访谈后,家长可以将记录的内容整理为一段文字输入DeepSeek,生成一份孩子兴趣初步分析报告。

**输入指令示例:**

"这是我与孩子的兴趣访谈内容,请你从中总结出他可能感兴趣的领域(如艺术、科技、人际、逻辑等),并提供相应的学习建议与拓展方向。"

**DeepSeek输出示例:**

分析结果:

感兴趣领域:艺术创作(绘画、设计)、观察自然、情感表达。

潜在特质：细腻、敏感、喜欢独处、有创造冲动。

推荐路径：

尝试参加漫画、插画兴趣班。

学习基础美术软件操作。

引导阅读科普类杂志，提高观察与表达能力。

鼓励其设定一个"个人作品集"目标。

这样的一份分析报告，比传统的"测一测你适合什么专业"更贴合孩子的真实想法，也更容易被家长和孩子采纳。

**第三步：建立可行的"探索路线图"**

兴趣只是起点，应想方法将其变成有节奏、有目标、有反馈的成长路径。DeepSeek可以帮助家长设计一套"兴趣探索周计划"，避免跟风试学。

**输入指令示例：**

"我的孩子对摄影和自然观察感兴趣，请帮我制定一份为期4周的兴趣探索路线图，每周有1~2项可执行活动，并包含反思和记录任务，适合小学高年级孩子。"

**DeepSeek输出示例：**

第一周：发现微观世界

在小区或公园拍摄10种不同纹理（树皮裂纹、花瓣脉络、水渍痕迹等）。

制作天气情绪板：连续3天同一时间拍摄天空，用符号标注不同的天气情况。

第二周：生命追踪计划

选择一种小生物，用相机记录它的3个行为瞬间，如搬运、进食、休息。

设计昆虫酒店：用树枝、松果等自然物搭建微型栖息地，拍摄入住"房客"。

第三周：自然艺术实验室

收集落叶、种子、石头等，排列成图案并俯拍。

制作色彩标本卡：匹配拍摄的自然照片与彩笔，制作专属色板。

第四周：故事摄影师

拍摄一组3~5张有连续性的自然照片，创作一个故事。

举办家庭摄影展：精选4周作品打印，用绳子和夹子悬挂展示，为每张照片配一句说明。

这样的兴趣计划，不仅可执行性强，也能激发孩子持续探索的动力,让兴趣落地。

## 2.6.2 如何避免虚假的感兴趣? DeepSeek 的判断方法

家长常见的问题是:"孩子前两周学得起劲,后面怎么就不喜欢了?"孩子对一件事是否感兴趣,不看一时的热情,而看是否愿意在遇到困难时坚持下去。

**输入指令示例:**

"我的孩子曾经很喜欢编程,但最近不太喜欢了。我希望你从'热情来源、成就反馈、环境影响'三个角度帮我分析,孩子学习编程到底是一时心血来潮,还是他真正感兴趣的事。"

**DeepSeek输出示例:**

热情来源:兴趣的燃料是什么?

如果孩子最初接触编程是因为比赛、家长鼓励或学校课程,当外部压力消失(如比赛结束)或奖励机制失效时,热情就容易减退。

如果孩子曾自发用编程解决问题(如做小游戏给朋友玩、修改网页代码),即使暂停也只是阶段性调整。

成就反馈:是否遭遇隐形挫折?

孩子可能卡在某个技术难点(如循环逻辑/调试报错),因无法突破而产生"我不擅长"的自我否定。

缺乏观众或实用场景（如作品无人使用、得不到建设性建议），失去创作意义。

环境影响：生态系统的支持度。

电脑配置不足、编程环境复杂，或家长过度干预。

从热情来源、成就反馈、环境影响三个维度深入分析孩子对编程兴趣的变化，并通过具体观察和互动来辨别这是阶段性倦怠还是兴趣转移。

### 结语：兴趣是探索，应慢慢发现

真正适合孩子的成长路径，从来不是通过一次测试就能决定的，而是要在不断探索中逐步显现。DeepSeek能帮助你与孩子深度对话；从生活中提取孩子感兴趣的线索；制订适合家庭节奏的探索计划；判断"短期热情"与"长期兴趣"的区别。

正如美国教育学家杜威所说："教育即生活，教育即生长，教育即经验。"DeepSeek可以成为家庭探索旅程中的一位智能同路人。

## 2.7 如何用 DeepSeek 训练专注力和学习节奏

在许多家庭中,孩子做作业总是慢、拖拉、走神,原因在于孩子专注力和节奏感的缺失。

**理解节奏感对学习的重要性**

节奏感是孩子在学习中能否形成"时间感知、自我节奏、自控能力"的关键。我们可以把孩子的学习节奏理解为以下三个维度,很多孩子"慢",其实就是这三个能力没有同步发展的表现。

| 维度 | 表现 | 典型问题 |
| --- | --- | --- |
| 时间感 | 感知时间长短,安排时间的能力 | 写作业没有时间概念,无法预估完成任务所需时长 |
| 专注力 | 持续集中注意力的能力 | 三分钟热度、做题时容易被其他事情打断 |
| 节奏感 | 在不同任务中合理分配精力与体力 | 开头磨蹭,中途快进,最后潦草收场 |

DeepSeek 作为智能辅助工具,本身不具备强制监督功能,但它

非常擅长个性化引导、生成专注力训练计划，可以帮助家长和孩子共同构建一套节奏训练机制。

### DeepSeek 实操方案：四步训练专注力和学习节奏

**第一步：识别拖延与分心的触发因素**

大部分孩子并不知道自己为什么"慢"，但如果我们能通过对话，引导孩子回忆注意力分散的具体情境，就能更清晰地识别问题源头。

**输入指令示例：**

"请你帮我设计一套适合 10~14 岁孩子的对话式引导，帮助孩子回顾最近一次学习拖延或注意力分散的经历，提炼出可能的触发原因（如情绪、环境、任务难度、身体状态等）。"

**DeepSeek 输出示例：**

"你还记得最近一次坐下来学习时，发现自己很难专注是什么时候吗？具体是哪天、做的什么科目？"

"当时你最先注意到自己做了什么？比如拿起手机、发呆，还是反复读同一段话？"

"当时你是否饿了、累了，或者坐得不舒服？"

关键原则：

保持中立：避免批评，用"我注意到……"代替"你总是……"

给予选择：让孩子主导解决方案，"你觉得哪种方法可能有用？"

允许沉默：给孩子思考时间。

这种对话方式，可以让家长与孩子在轻松状态下交谈。

### 第二步：拆分任务、重建节奏感

很多孩子在面对过量的作业时容易被"起步焦虑"压垮。这时，"任务拆分 + 分阶段完成"就变得尤为重要。

**输入指令示例：**

"我的孩子在写数学作业时总是觉得压力大，请帮我将'60分钟写完10道题'这个目标拆分为4个步骤，每个步骤配有细分目标、专注任务、时间限制和休息建议，并用孩子喜欢的'闯关打卡风格'呈现。"

**DeepSeek输出示例：**

| 关卡 | 目标 | 专注任务 | 时间限制 | 休息建议 | 打卡区 |
|---|---|---|---|---|---|
| 热身关 | 进入解题状态 | 快速完成2道基础题 | 12分钟 | 伸懒腰+喝口水 | √ |

续表

| 关卡 | 目标 | 专注任务 | 时间限制 | 休息建议 | 打卡区 |
|---|---|---|---|---|---|
| 突破关 | 攻克中等难度题型 | 集中解决3道典型例题 | 18分钟 | 闭眼+做5次深呼吸 | √ |
| BOSS关 | 挑战最难部分题型 | 全力应对2道综合难题 | 20分钟 | 站起来扭扭腰 | √ |
| 收尾关 | 确保完整准确 | 检查3道易错题+订正 | 10分钟 | 开心吃个小零食 | √ |

通过结构化拆分,帮助孩子体验分阶段挑战而非无法应对的压力。

**第三步:专注力打卡训练营,培养"心理肌肉"**

孩子的专注力不是一夜之间提高的,它更像是一块"心理肌肉",需要反复锻炼。DeepSeek可以帮助家长为孩子制定"15分钟专注打卡任务",让孩子从短期开始逐步延长保持专注力的时间。

**输入指令示例:**

"请为一名注意力容易分散的11岁孩子,制定一个为期一周的'专注力训练营',每日包含一次15分钟任务、一次3分钟冥想练习、一次任务后自评,风格轻松,适合家庭执行。"

**DeepSeek输出示例:**

Day1:感官侦探日

15分钟任务:"厨房寻宝",闭眼听厨房声音(冰箱嗡嗡/水龙头滴水），用纸笔记下几种声音，像侦探一样收集线索！

3分钟冥想："呼吸泡泡"，想象每次呼气吹出一个泡泡，里面包住一个刚才听到的声音（如"叮咚"声）。

自评：今天发现了几种声音？闭眼时脑子里出现了几种声音？

Day2：身体指挥官日

15分钟任务："单脚积木塔"，单脚站立搭积木，倒掉就换脚，目标是比昨天多搭一层（锻炼身体+专注联动）。

3分钟冥想："脚底雷达"，坐直，感觉脚底和地板接触的温度和压力，想象自己被扫描仪从脚趾扫到脚跟。

自评："脚底雷达模式"坚持了多久？难以坚持的时候心里在想什么？

............

Day7：专注力庆典日

15分钟任务："挑战全家！"教家人玩前6天里你最喜欢的任务，由你当裁判打分！

3分钟冥想："勋章呼吸"，吸气想象胸口有一枚发光的专注力勋章，呼气把光传给家里每个人。

自评：这一周我的专注力提高了吗？我哪一天的表现最好？

奖励：连续7天完成，兑换一张专注力特权卡（如决定周末看什么电影或延长游戏时间15分钟）。

**第四步：家长做好"节奏合伙人"**

父母的节奏感会直接影响孩子，你可以这样参与：

★和孩子一起设计"专注角落"：一个只学习、不分心的空间。

★每天设定"家庭静音时段"：全家一起做自己的事，给孩子做榜样。

★用"节奏卡片"游戏形式激励：完成一个任务翻一张卡，积累 5 张可以获得一个奖励。

**输入指令示例：**

"请帮我制定一份适合家长与孩子共同执行的'家庭学习节奏合约'，包括每日学习时段、家长支持方式、孩子自我管理计划，风格温和积极，适合 10~14 岁孩子使用。"

**DeepSeek输出示例：**

我们约定每周____天（建议 5~6 天）为"学习日"，具体安排如下：

课后黄金 90 分钟：放学后休息 30 分钟，然后开始学习（时间：_____至_____）。

包含：作业时间（_____分钟）＋自主复习和阅读（_____分钟）。

周末充电时间：周六和周日上午或下午，专注学习_____分钟，剩余时间自由安排。

自由日：每周留出_____天完全无学习任务（建议周日或家庭活动日）。

注意：未完成任务可适当调整难度，但需提出自我修正建议。

---

**结语：掌握节奏才能高效学习**

孩子学习慢不是问题，它提醒我们，节奏感的建立比快更重要。DeepSeek 可以帮你发现孩子注意力分散的原因；拆分任务、设计节奏、提供专注力训练、生成激励机制、协助制定亲子协作规则。当孩子真正拥有属于自己的学习节奏时，你会发现，他不再被迫学习，而是主动前行。

## 2.8 如何用 DeepSeek 充当"亲子协调第三方"

当父母教育理念不一致时，家庭成员内耗，家庭氛围沉重，成为比作业压力、沉迷于游戏更具杀伤力的隐形问题。

我们必须理解：家庭教育是理念融合、分工明确、彼此补位。父母在争论中会陷入情绪拉锯，孩子在夹缝中会感到难过伤心。

此时，我们需要一个情绪稳定、逻辑清晰、不偏不倚的第三方协调员，帮助家庭回归理性。这正是 DeepSeek 能发挥作用的地方。

## DeepSeek 实操方案：四步打造"亲子协调第三方"

**第一步：梳理理念冲突**

很多理念不一致的问题，其实是没有说清楚彼此的真实担忧与价值观立场。

> 输入指令示例：

"我想厘清夫妻在教育上的不同观念，请生成一个结构化访谈框架，帮助我们分别回答以下几方面的问题：对孩子的核心期待是什么？你最担心孩子变成什么样？你认可哪些教育方式？反感哪些教育方式？你如何理解'自由'与'规矩'？理想中你希望孩子成年后拥有什么能力？"

> DeepSeek输出示例：

1.对孩子的核心期待是什么？你希望孩子未来最核心的3个特质（如独立、善良、创造力）是什么？这些特质中，哪些是你绝对不愿妥协的？

回答模板：我希望孩子首要拥有_____，因为_____；

其次_____；再次_____；绝不能接受孩子缺乏_____。

2.你最担心孩子变成什么样？哪种性格或行为（如依赖他人、冷漠、没有主见）会让你感到焦虑？这种担忧来自你童年的什么经历或观察？

回答模板：我最怕孩子_____，这源于_____（如我见过亲戚家孩子因为_____而_____）。

3.你认可和反感的教育方式是什么？请列举一种你支持的具体方法，哪些教育行为会让你情绪激动？

回答模板：我主张用_____，因为_____；坚决反对_____，这会让孩子_____。

4.如何理解"自由"与"规矩"？请用比例描述（如"70%自由+30%规矩"）。当孩子不守规矩时，你会怎么做？

回答模板：我认为自由是_____，规矩是_____。比如当孩子_____，我会先_____再_____。

5.你期待理想中孩子成年后的能力是什么？列出几项关键能力，哪些能力你愿意亲自培养？

回答模板：孩子必须掌握_____和_____，我会通过_____教他；而_____可以交给学校和社会。

通过对比，家长能更理性地看待彼此的理念差异，避免陷入情绪指责。教育观念没有绝对的对错——就像一个人负责导航，另一个人负责加油。

**第二步：达成共识**

当理念明晰后，需要将可协商部分转换成具体可执行的家庭规则。

> **输入指令示例：**

"请根据以下双方梳理出的教育理念，帮我们生成一份家庭教育共识清单，分为'原则层面共识'和'行动层面协定'，内容简明可执行，适合 8~14 岁孩子的家庭参考。"

> **DeepSeek 输出示例：**

原则层面共识

1. 核心目标

我们共同希望孩子成为：有温度的行动者（善良底色＋解决问题的能力）。

自主的终身学习者（保持好奇心＋能规划目标）。

2. 底线共识

绝不接受的行为：冷漠对待他人苦难和逃避自身责任。

必须干预的情况：危害健康、安全或突破道德底线的行为。

3. 教育观

自由与规矩的关系:"风筝式养育":给予孩子探索空间(自由),但握紧底线绳索(规矩)。

自由比例随年龄递增(当前阶段:约 60% 自由 +40% 规矩)。

行动层面协定

作业检查由爸爸主导,辅导方式避免使用打击式语言。

妈妈负责课外拓展项目选择,每周与孩子共读一次书。

每月开一次家庭教育例会,共同反思孩子的变化与反馈。

DeepSeek 帮助家长从价值观层面落地到家庭制度,建立协同执行的基础。教育不是对抗,而是合作。清单列出的是父母的共同目标,可以随孩子的成长调整。

**第三步:建立亲子反馈机制**

教育理念不一致的最终受害者往往是孩子。让孩子也成为家庭教育的共建者,是走出教育内耗的关键。

**输入指令示例:**

"请帮我设计一个适合 10~16 岁孩子参与的'家庭沟通反馈表',包括以下板块:本周你在家里最想表扬的事是什么?你觉得父母哪里需要改进?遇到冲突时你最希望谁来协调?你希望每周和父母沟通什么内容?你有什么建议可以让全家相处更轻松?"

> **DeepSeek输出示例：**
>
> 我想给_____点个赞！因为他做了_____。
>
> 如果爸妈能_____，我会更开心。
>
> 下次吵架时，我希望_____来当裁判。
>
> 我的底线是_____。
>
> 每周我最想和爸妈聊这些话题：
>
> 学校趣闻、我的奇怪脑洞、未来计划、烦恼树洞、其他____。
>
> 我觉得全家可以试试_____。

每周交谈一次，孩子的想法会被父母知晓，从而减少情绪压抑与误解。

### 第四步：建立分歧缓冲区

当家长意见产生严重分歧时，可借助 DeepSeek 进行"模拟调解"，以设定情景和预演对话的方式，避免伤害性争执。

> **输入指令示例：**
>
> "请模拟以下情景：孩子玩游戏玩得太久，爸爸主张立刻没收设备，妈妈觉得要先和孩子沟通。请模拟一次家庭对话，形成一致的解决方案。"

**DeepSeek输出示例：**

爸爸："我生气是因为：①规则被破坏；②担心孩子视力下降。"

孩子："我超时是因为在对战，中途退出会被队友责备。"

妈妈："我的建议是：①理解游戏的社交属性；②提前设置游戏时间。"

爸爸："如果玩游戏超时，可用做家务抵扣。"

孩子："我愿意超时后第二天自动减少时长。"

妈妈："可以弹性执行，预留一部分自由玩游戏时间。"

调解的核心不是消除分歧，而是把对抗变成协作。通过对话预演，家长可以更平和地处理冲突，孩子也不再成为争吵的焦点。

## 结语：教育孩子是一场合作，而不是角力

很多人以为，教育理念不一致只是小问题，但真正击垮一个家庭教育系统的，往往就是这些日常的争执、否定与内耗。DeepSeek不会替你决定教育方向，但它能帮你把情绪性的争论转化为理性的对话；帮你从"我对你错"的争论中跳出，达成"我们共同面对"的共识；还能在不偏不倚的引导下，重建一个有秩序、有爱、有协商机制的家庭系统。

教育最终的落脚点是父母间的共识，是亲子间的信任。

## 2.9 如何用 DeepSeek 增强孩子的勇气

★ "你要忍一忍!"

★ "别理他们就好了!"

★ "遇到问题和老师讲。"

在面对孩子遭遇校园霸凌时,很多家长会下意识地安抚、劝解,甚至否认。但这些做法往往无法真正解决问题,反而可能加深孩子的孤独感与无助感:

★有的孩子被同学起外号,父母却说:"你太敏感了。"

★有的孩子在厕所里被人推搡,父母却说:"以后少去厕所。"

★有的孩子在课堂上被捣乱欺负,父母却说:"你只要读你的书就好了。"

研究表明,被霸凌的孩子如果得不到父母的支持,很可能会陷入沉默、否定自我,甚至模糊是非对错。这时候,家长应该要教孩子心生勇气,让孩子增强心理压抗能力。

## DeepSeek 实操方案：四步构建勇气与增强心理韧性

**第一步：识别霸凌情境**

孩子很多时候无法准确描述和判断自己遭遇的情境是不是霸凌。

> 输入指令示例：

"我们家孩子最近情绪低落，可能在学校受到了不公正对待。请扮演一个 12 岁孩子的情绪访谈引导者，引导他回忆最近在学校是否有被孤立、排挤、羞辱、威胁或被动接受恶作剧等情况，并用温和语气鼓励他表达发生了什么。当时他有什么感觉？他有没有告诉别人？为什么？"

> DeepSeek输出示例：

第一步：建立安全感

引导者："嘿，最近我们学校不是有心理健康周嘛，老师让我随机采访几位同学，聊聊校园生活感受。你愿意当我的特邀嘉宾吗？可以给你匿名。"

第二步：情景联想切入

引导者："我们先玩个情绪游戏好不好？如果用天气形容这周在学校的心情，你会怎么形容？"

(等孩子选择后)"哇,选____啊……有没有哪件事特别像这个天气?比如……"

第三步:事件探索

1. 发生了什么:

"你刚才提到____(孩子说的关键词),我有个朋友也遇到过类似的事……当时有人____(如传小纸条、故意不邀请、起外号),你们班有这种情况吗?"

2. 询问感受:

"你当时有什么感觉?"

"这个感觉后来有变化吗?"

3. 询问对策:

"你有没有告诉别人这件事?"

"你当时考虑过告诉____(老师、爸妈、朋友)吗?是什么让你决定说或不说?"

第四步:赋能与闭环

引导者:"谢谢你告诉我这些!最后还有两个问题——"

"如果给'处理这种事的能力'打分,1~10分你给自己打几分?"

"你刚才的____(具体表现:观察力、幽默感、冷静)超厉害!下次遇到这种事,随时可以来和我说。"

DeepSeek 可以鼓励孩子说出内心真实感受，帮助家长了解孩子的真实遭遇。

**第二步：模拟对话练习**

霸凌常常是一种权力不对等的打压。孩子需要掌握如何坚定地表达"不可以"，并发出清晰的信号。

**输入指令示例：**

"请模拟三种校园霸凌场景（语言讽刺、肢体推搡、社交孤立），并为每种场景提供孩子的应对语句练习，要求符合青少年表达习惯，态度坚定、使用非攻击性语言，能明确传达信息。"

**DeepSeek输出示例：**

场景1：语言讽刺

情境：同学故意在全班面前模仿你的行为或嘲笑穿着。

你刚才学我说话（事实），这让我很尴尬（感受）。请停下来（边界）。

第三节课间你重复了5次我的外号（事实），这是不尊重人的。如果你继续，我会报告班主任（后果）。

场景2：肢体推搡

情境：排队时有人故意撞你，或抢走你的物品。

你刚才推了我的肩膀（事实）。这是不安全的行为（定性）。离我远一点（边界）。

这是你今天第三次"不小心"撞到我了（事实）。我有权要求个人空间（权利）。再发生我会告诉老师（后果）。

场景 3：社交孤立

情境：小团体传话"谁和他玩就别想和我们玩"。

我听到你们说不让别人和我玩（事实）。这样很伤人（感受）。再这样我就告诉我父母（后果）。

通过情境训练，让孩子逐步养成主动表达的习惯，提高孩子的自我保护意识。

**第三步：制定个性化应对策略**

不同类型的霸凌情境，需要不同层级的应对策略。DeepSeek 可以协助家长和孩子共同制订"多梯度应对计划"。

> **输入指令示例：**
>
> "请结合孩子的霸凌经历，帮我制定一个'自我处理—寻求同伴—告知家长和老师'的三级应对机制，每级策略包含具体建议、语言示范和适用场景。"

**DeepSeek输出示例：**

第一级：自我处理适用场景：嘲笑绰号、故意忽视、轻微推搡等。

回应策略：保持冷静、避免正面冲突，记录时间、地点、目击者。

第二级：寻求同伴适用场景：谣言传播、集体孤立、物品被藏等。

回应策略：扩大正向社交圈，通过社交削弱霸凌者的力量。

第三级：告知家长和老师适用场景：肢体伤害、财物损毁、人身威胁等。

回应策略：提供证据并寻求专业人士介入解决，如报警。

……

"孩子—家长—学校"三位一体的协同防护机制，能够给予孩子信心和勇气，教会孩子勇敢地面对校园霸凌。

**第四步：鼓励勇气表达，强化心理韧性**

让孩子反霸凌，不只是勇敢地反击，还要有强大的心理抗压能力。

**输入指令示例：**

"请设计一个为期四周的'勇气训练营'，每周一个小任务，帮助孩子逐步建立勇气，形成自我认同。"

> **DeepSeek输出示例：**

第一周：认识勇气

任务：每天记录一件"勇敢的事"。

第二周：自我认同

任务：制作我的超能力清单——列出3个别人没有的特质。

第三周：抗压能力训练

任务：思考压力能否转化为动力，是否能培养自己在某方面的能力。

第四周：行动挑战

任务：完成一项自己认为正确的事。

DeepSeek将自我保护与抗压能力相结合，引导孩子成为既有勇气又有智慧的人。

## 结语：替孩子打赢一场仗，不如教他成为自己的守护者

面临校园霸凌，我们要做的不是每次都替孩子出头，而是教会孩子面对、表达、寻求帮助和解决问题。DeepSeek作为家庭教育中的辅助工具，能够帮助孩子表达情绪，识别问题；引导家庭制定科学应对机制；提供表达与反应的语言模板；重建孩子的边界感、自

尊心和勇气。

每一次霸凌事件，都是成长的裂缝，也是力量的出口。家长应该陪着孩子一起穿越阴影，走向光明。

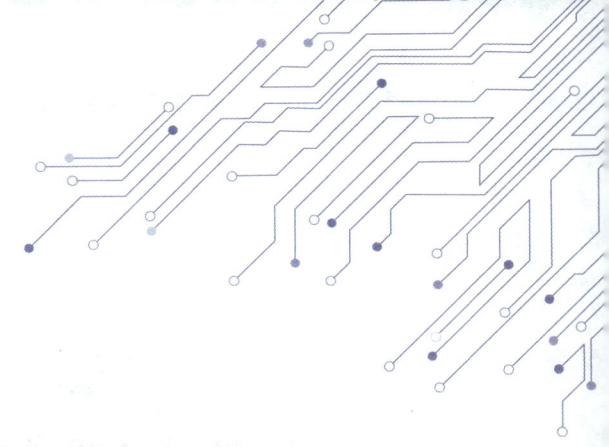

# 第3章

## DeepSeek 时代的学生新学习力

## 3.1 如何用 DeepSeek 帮助孩子提问

"大家还有什么问题吗?"面对老师在课堂的发问,很多学生听到这句话只是摇头或是低头沉默。在传统教学环境中,"听懂老师讲的内容""记住标准答案"被视为学习的一部分。孩子习惯了听话、接受,却很少有机会主动提出问题。

真正的学习,不能一味地被动接受,而是要有自己的思考,对知识提出问题。会提问,代表一个孩子有以下特性:

★深度思考的能力:能发现问题的根源与漏洞。

★学习具有主动性:敢于质疑和探索。

在 DeepSeek 出现之前,训练"提问力"靠的是老师的引导;但现在,借助大语言模型,孩子可以在与 AI 的对话中练习提问、优化提问、反思提问,逐渐培养"提问思维"。

这一节,我们将系统讲述如何用 DeepSeek 帮助孩子掌握提出好问题的方法,真正激活他们的学习力。

**会提问,是启动思维的第一步**

按照布鲁姆教育目标分类法[①],从低阶到高阶思维过程如下:

★知道:比如"谁写了《出师表》?"

★理解:比如"诸葛亮为什么写这篇表?"

★应用:比如"这篇表中有什么可以用在写作中的句子?"

★分析:比如"这篇表和他的政治处境有什么关系?"

★综合:比如"如果你是诸葛亮,你会用什么策略保全蜀汉?"

★评价:比如"东汉末年,有过宦官专权的先例,诸葛亮对此深感忧虑,因此劝谏刘禅要'亲贤臣,远小人'。"

绝大多数孩子只停留在第一阶段,而深度学习者往往是高阶思维。DeepSeek 的意义在于不仅能回答问题,还能培养孩子的思维能力。通过精心设计的提示词,孩子可以不断训练自己提问的能力,从而让思维慢慢转变。

## 3.1.1 DeepSeek 实操方案:三步训练孩子"提问力"

**第一步:模仿式提问——建立问题感**

孩子不是天生就会提出高质量问题的,但可以通过模仿好问题,激活他们的提问能力。

---

① 美国教育学家本杰明·布鲁姆在其 1956 年出版的书中提出,学生的认知过程按简单到复杂分为六个水平,即知道、理解、应用、分析、综合、评价。

**输入指令示例：**

"我是一名五年级学生，现在我读了一篇《嫦娥奔月》的神话故事。请你扮演一位语文老师，按照布鲁姆教育目标分类法，帮我提出6个高质量的问题，问题层层递进，并简要解释每个问题想让我思考的角度。"

**DeepSeek输出示例：**

1. 记忆性问题（考查基础信息提取）

问题：请按照顺序复述"嫦娥奔月"故事中的三个关键事件（每件事不超过50字）。

2. 理解性问题（考查核心内容解读）

问题：为什么不同的故事版本中，嫦娥有时是"偷吃仙药"，有时是"被迫吞药"？这会让她的形象有什么不同？

3. 应用性问题（考查知识运用能力）

问题：如果让你用一首诗来形容嫦娥奔月，你会用哪首诗？

4. 分析性问题（考查逻辑关系梳理）

问题：对比"嫦娥在月宫捣药"和"嫦娥化作蟾蜍"两种结局，你觉得哪种更符合故事逻辑？为什么？

5. 评估性问题（考查价值判断能力）

问题：有人认为嫦娥是背叛者，有人觉得她是受害者，你支持哪种观点？请用"文本＋现实经验"双重论证。

6.创造性问题（考查想象迁移能力）

问题：如果你为嫦娥设计一个现代版的新结局，你会让中国的玉兔月球探测器在登月的时候为嫦娥带去什么样的"现代月球礼物"来缓解她的孤独呢？说明设计理由。

家长可以引导孩子把这些问题抄写在提问笔记本中，学着思考并尝试提出类似的问题。

### 第二步：互动式提问——与内容对话

孩子学会这6个阶段后，就要开始将提出问题当成一种学习策略。

**输入指令示例：**

"我刚学完一道几何题，请你扮演一个'智能学习陪练员'，只回答我提出的问题，不提供标准答案，并根据我的提问层次给予评分和改进建议。"

**DeepSeek输出示例：**

提问："这道题为什么选择用勾股定理解题？"

回应：提问评分★★★★☆

优点：抓住了核心解题方法，问题明确。

改进建议：

更精准：可以问"为什么在这里用勾股定理，而不是相似三角形或三角函数？"

更深入：可以问"如果题目不是直角三角形，还能用勾股定理吗？需要怎么调整？"

这样的对话训练，不仅能提高提问质量，还能通过反馈机制帮助孩子建立"提问—修正—优化"的循环。

**第三步：反向提问——从答案出发找问题**

一个更高阶的提问训练方法是反向提问：给孩子一个结果或答案，让他们反推出可能的问题。

**输入指令示例：**

"给出一个结论或观点，比如'成功的人都能坚持长期目标'。请你帮我设计3个可能导致这个结论成立的问题，每个问题背后都要体现一个深层思维角度（如因果、动机、对比、条件等）。"

**DeepSeek输出示例：**

问题1（因果思维）

问题：长期坚持目标是如何影响一个人的成功概率的？

问题2（对比思维）

问题：那些短期爆发式成功的人，和长期目标坚持者的核心差异是什么？

问题3（条件思维）

问题：在什么情况下，坚持长期目标反而可能阻碍成功？

进阶提示：为什么成立（因果）→是否绝对成立（对比）→何时不成立（条件）。

---

这种训练方式让孩子从被动回答转为主动提问，真正站在知识的源头去思考。

## 3.1.2 让提问成为每天学习的一部分

除了专门训练，孩子还需要在日常学习中习惯性地带着问题阅读、听课、写作，DeepSeek 可以协助家长与孩子打造"每日提问练习计划"。

输入指令示例：

"作为家长，我想帮孩子养成'每天提出一个好问题'的习惯。请你制订一个'每日提问计划'，根据不同科目安排问题，并每周提供反馈自评模板。"

**DeepSeek输出示例：**

每日提问计划表（分学科轮动）

周一（语文）：人物动机/情节矛盾

"《西游记》里孙悟空三次离开唐僧，哪次最合理？为什么？"

周二（数学）：方法对比/逆向思维

"这道题除了课本上列举的解法，还能用生活中的例子解释吗？"

周三（科学）：条件假设/实验设计

"如果地球上没有摩擦力，自行车会怎样运动？"

周四（社会）：多立场分析/因果链

"学校规定'雨天不准跑闹'，受益者和受损者分别是谁？"

周五（生活）：观察反思/改进方案

"为什么超市总把糖果放在收银台旁边？我能设计更合理的摆放方式吗？"

周末（自由任务）：选出本周最棒的问题，并修改升级它

每周自评模板（家长与孩子共同完成）

1.我的黄金问题：_____。

闪光点：□好奇□深刻□新颖（打钩）

2.本周提问进步：

从_____类问题突破到_____类问题（如从事实类→假设类）。

最让我意外的思考角度是：_____。

3. 待改进：

下次可以尝试加入"如果……会……"句式提问（假设思维）。

避免：□问题太大 □答案显而易见 □脱离实际

4. 家长反馈：

特别欣赏你周_____的问题，因为_____。

挑战：下周试试对_____现象连续追问3个"为什么"。

通过这种方式，提问将从一次性练习变成持续性思维习惯。

## 结语：会提问的孩子更会学习

会提问的孩子才是真正具备学习能力的孩子。在 AI 时代，标准答案已不再珍贵，但真正有价值的问题，仍然依赖人类的大脑去构建。DeepSeek 所做的，是教孩子如何成为问题制造者。问题是通往智慧的大门，提问的能力是学习力的引擎。

让 DeepSeek 成为孩子思维成长的训练师，让好奇心变成学习力，让每一个问题，都发挥它的价值。

## 3.2 如何用 DeepSeek 构建"思维导图 + 金句训练"模式

在辅导作业时,写作文常常最令人头痛。相比数学、物理和化学题目有标准答案,写作文主观性强,让不少家长无从下手。

其实,作文写不好,是缺乏以下三大能力:

★缺少结构性思维,文章没头没尾,不知道怎么起承转合。

★缺乏素材积累,写的内容空泛,没有细节描写。

★语言表达无感染力,表述平淡无奇,缺乏金句亮点。

本节,我将教你如何用 DeepSeek 帮助孩子建立"思维导图 + 金句训练"模式,让孩子不再怕写作文,有方法、有工具、有成效地练好写作思路。

**DeepSeek 实操方案:三步建立"思维导图 + 金句训练"模式**

### 第一步:从"不会写"到"写得好":搭建思维导图

孩子写不出作文,是因为思维没有经过"结构化梳理",思绪混乱,无法组织成文。

DeepSeek可以帮孩子把一个写作主题变成有逻辑的思维导图，通过提出问题、层层细化，引导孩子搭好文章的"骨架"。

> **输入指令示例：**

"请你帮我写一篇以'那一次我真的感动了'为题的作文，设计一个包含开头、过程、细节、反思四个部分的思维导图，并在每部分都提出引导性问题，帮助我组织内容。"

> **DeepSeek输出示例：**

题目：《那一次我真的感动了》

开头：时间＋地点＋事件背景

那是一个什么样的天气？在哪里发生的？

当时你的情绪是什么？

过程：事件的发展经过

谁做了什么？对你产生了怎样的影响？

有没有一个关键动作或语言让你记忆深刻？

细节描写：环境＋人物＋心理

当时的声音、光线、动作、表情是怎样的？

你内心的变化过程如何？

反思总结：成长与感悟

这件事使你产生了哪些改变？

你有没有想过做些什么来回应这份感动？

**第二步：让文字有内容：深度挖掘真实经历＋生活细节**

作文最大的忌讳就是"假大空"，孩子常常堆砌词句、编造情节，是因为他们没意识到真实的生活就是最好的素材。

DeepSeek 可以通过提出高质量问题，引导孩子回忆、表达、组织出那些藏在生活中的细节、情感与画面。

> 输入指令示例：

"请你帮我从'一次失败的考试'这个主题中，挖掘出 5 个真实细节片段，包括当时的场景、心理活动、家人反应等，适合写入作文中。"

> DeepSeek 输出示例：

"考试卷子发下来时，内心紧张得'咯噔'一下，看到分数时手心冒汗。"

"教室里特别安静，仿佛听得见同桌翻书的声音。"

"放学回家后，妈妈没说话，只是默默把饭热了一次又一次。"

"躺在床上，反复想自己到底哪里做错了。"

"窗外的灯一盏盏亮起来，我却盯着试卷上的分数，直到它变得模糊。"

家长可以把这些引导问题作为亲子对话素材，让孩子在口语中表达、在文字中整理、在写作中落地。

**第三步：好句子不是背出来的，而是训练的成果**

作文写好的关键，在于孩子是否具备表达美感的能力，能不能用一两句话打动人心。

DeepSeek 可以生成"个性化表达句库"，针对主题、年龄、语境进行金句训练。

**输入指令示例：**

"我是一名五年级的学生，想写一篇关于'成长中的一次挫折'的作文。请你生成5句适合小学生表达的金句，用来表达成长、反思和希望的情感，并提供如何替换动词或形容词的练习建议。"

**DeepSeek输出示例：**

1. 挫折像一阵风，把我从懒惰吹向努力。

练习替换："懒惰"→"迷茫"，"努力"→"坚定前行"。

2. 有时候，摔倒不是失败，而是学会站起来的方式。

练习替换："摔倒"→"受伤"，"站起来"→"成长"。

3. 我打开妈妈送的生日礼物，高兴得跳了起来。

练习替换:"打开"→"拆开","跳"→"蹦"。

4.窗外电闪雷鸣,风把纸屑吹上了天。

练习替换:"吹"→"卷"。

5.有些事情,不是学会了才去做,而是做了才会学会。

练习替换:"学会"→"懂"。

家长可以引导孩子:"你能不能把这些句子用在你自己的经历里?""你有没有类似的感受?"这样训练比死记硬背更有效。

**三步联动:让写作变成可重复的系统训练**

通过 DeepSeek,我们可以将作文训练拆分成以下几个步骤:

| 步骤 | 工具方式 | 目的 |
| --- | --- | --- |
| 1. 思维导图搭建 | 用提示词生成文章结构 | 搭建文章"骨架" |
| 2. 细节与情节提取 | 用问题引出素材 | 丰富"血肉"内容 |
| 3. 金句训练 | 金句生成+语言仿写 | 美化表达、增加感染力 |

这个训练步骤可以反复套用到不同的作文题目上。比如:

★ "我最敬佩的人"→ 建立人物特质导图+金句强化。

★ "一次失败的经历"→ 挖掘情节+情绪+语言修辞。

★ "未来的我"→ 构建想象力思维导图+创造性表达。

只要用对提示词,DeepSeek 就能成为"写作陪练员"。

**结语：写好作文需要靠训练**

写作不能只靠天赋，而是需要反复训练。DeepSeek 能不断启发孩子的表达欲、构思力和语言美感，成为孩子的"成长合伙人"。

当我们不再纠结怎么把一篇作文写够 800 字，而是关注孩子有没有想表达的内容时，才能真正打开他们思维和表达的大门。

## 3.3 如何用 DeepSeek 做"错题盲区教练"

考试结束后，很多孩子最怕听到一句话："来，把错题整理一下。"有些孩子不会复盘，原因在于他们缺乏"元认知"[①]能力——意识不到错在哪里、为什么错、怎么改正。

复盘的目的不是再做一遍题目，而是借由错题这面镜子，看清自己的盲点、误区、短板，实现认知升级。

### 3.3.1 不会复盘的三种典型表现

**机械整理毫无意义的错题本**

不少孩子的错题本只是答案抄写本：错了就记下来，没有深入

---

① 由美国心理学家 J.H. 弗拉维尔提出，指个体对自己认知活动的认知，即对认知活动的某一方面加以调节的行为。

思考，只是把正确答案抄一遍。

没有反思、注释、方法总结的复盘方式无法实现错误的真正改正，只是浪费时间。

**看不懂错因，找不到突破点**

很多孩子对错题的处理是："原来这道题选 C，那我记住 C 就可以了。"但根本不知道"为什么会选 C 而不是 A"，这类盲点如果不解决，同类题还会继续做错。

**不会分类总结，不懂建立知识网络**

"根本不知道怎么整理"是很多孩子面临的难题。他们不会根据错因进行分类，也不会把一个错题背后的知识漏洞补全，因此无法形成清晰的知识图谱。

这些问题，不是做题做少了，而是思考不够深入，缺乏提炼和梳理问题的能力。借助大语言模型的文本理解能力，我们可以将 DeepSeek 变成一个"复习引导专家"，用结构化提问、拆解思维、还原逻辑等方式，让孩子在对话中复盘，逐步形成真正的复盘能力，帮助他们科学整理错题、精准定位问题核心、生成针对性的训练和复盘计划。

我们将错题复盘过程分为五个环节，每一个环节都可以用提示词模板＋示例，在 DeepSeek 上逐步实践。

## 3.3.2　DeepSeek 实操方案：五步训练"错题盲区教练"

### 第一步：识别错因

**输入指令示例：**

"请分析以下错题（附题目＋选项＋错误答案），判断我错在哪里，是理解错误、审题粗心、计算失误还是知识点没掌握？并指出我需要重点复习哪个知识点。

应用示例：

题目：某平行四边形的高为 4cm，底边为 6cm，面积为多少？我的答案：12。"

**DeepSeek输出示例：**

错误原因：你的错误属于计算失误或公式记忆错误。你可能混淆了三角形和平行四边形的面积公式。

总结：你的错误可能是计算失误（如误用三角形公式）或审题不仔细（如看错数字或混淆高的定义）。

正确做法：直接套用平行四边形面积公式 6×4=24，无须额外操作。

复习建议：多练习平行四边形、三角形、长方形的面积计算，避免混淆公式。

## 第二步：错题分类

**输入指令示例：**

"请帮我将以下10道错题，按照知识点进行分类，并指出每类中我最容易出错的题型。

题1：三角形内角和计算错误。

题2：分数乘法公式误用。

题3：三角形边长判断错误。

题4：分数约分错误。

……"

**DeepSeek输出示例：**

1.三角形内角和计算

错题示例：求一个三角形的内角和，已知两个角分别为 $50°$ 和 $60°$。

我的答案：$110°$ →正确答案：$70°$（$180° - 50° - 60°$）。

错误原因：可能误以为题目问的是"两角之和"，而非第三角。未记住三角形内角和为 $180°$。

易错点：混淆"已知两角求第三角"和"单纯两角相加"。计算时漏减或符号错误。

复习建议：强化三角形内角和为 $180°$ 的知识点。练习类似题目，如"已知两角，求第三角"。

............

### 第三步：反向提问

**输入指令示例：**

"请针对我给出的一道错题，提出3个层层递进的问题，帮助我反思错因，并激发我自己去查找答案。

应用示例：

A国人口是B国人口的3倍，B国人口是1200万人，请问A国人口是多少？"

**DeepSeek输出示例：**

问题1（理解题意）

题目中"A国人口是B国人口的3倍"是什么意思？数学上如何表示这种关系？

目的：确保你理解倍数关系的表达方式。

自查方向：

"A是B的3倍"——$A=3\times B$

确认B国人口已知（1200万），A国人口待求。

问题2（计算过程）

如果B国人口是1200万，A国人口是B国人口的3倍，你的计算步骤是什么？请列出算式。

目的：检查你的计算逻辑是否正确。

自查方向：

正确计算：A=3×1200 万 =3600 万

易错点：是否漏乘、单位是否统一（如"万"的处理）。

问题 3（验证结果）

如果 A 国人口是 3600 万，B 国人口是 1200 万，反过来验证"A 国人口是不是 B 国人口的 3 倍"？

目的：通过逆向验证确认答案合理性。

自查方向：

3600 万 ÷1200 万 =3

若你的答案不是 3600 万，检查哪里出错（如计算失误或理解偏差）。

### 第四步：在关键盲点上进行训练

> 输入指令示例：

"请根据我出错的题目类型，设计 5 道相似难度的训练题，帮助我在薄弱环节强化理解。我的错题是：不会根据边长判断三角形是否成立，请出题加强这方面训练。"

**DeepSeek输出示例：**

题目1（基础判断）以下哪组线段能构成三角形？

A.3cm，4cm，5cm

B.2cm，5cm，8cm

C.6cm，6cm，12cm

题目2（含小数）以下哪组数不能构成三角形？

A.1.5cm，2.5cm，3.5cm

B.0.8cm，1.2cm，2.0cm

C.4.1cm，4.1cm，4.1cm

题目3（隐藏陷阱）已知两条边长为7cm和3cm，第三边可能是（多选）：

A.4cm

B.5cm

C.9cm

D.10cm

题目4（单位换算）以下哪组能构成三角形？

A.2m，300cm，5m

B.1km，500m，800m

C.50mm，5cm，0.1m

题目5（应用题）小芳想用木棍拼一个三角形，现有三根木棍，长度分别为12cm、6cm、xcm。若x为整数，x的取值可能有几种？

错题复盘技巧

逐条验证：对每组边长，必须检查三组不等式（a+b＞c，a+c＞b，b+c＞a）。

特别警惕：两边之和等于第三边→不能构成三角形！单位不统一时先换算（如m→cm）。

范围法：已知两边a、b，第三边x的范围是|a-b|＜x＜a+b。

### 第五步：生成对练题

**输入指令示例：**

"请帮我制作一个'错题反思表格模板'，我可以每天记录自己为什么错、怎么改正，并长期积累分析。"

**DeepSeek输出示例：**

| 错题题目 | 错误类型 | 具体错因 | 改正方法（步骤+防错技巧） |
| --- | --- | --- | --- |
| 三角形成立条件：边长3cm，4cm，8cm | 知识点未记牢 | 未验证3+4<8 | 1.背口诀"任意两边之和＞第三边" 2.做题时列三组不等式 |

续表

| 错题题目 | 错误类型 | 具体错因 | 改正方法（步骤+防错技巧） |
|---|---|---|---|
| 分数乘法：2/3×4/5=6/8 | 计算错误 | 误将分子分母相加 | 1. 强化规则"分子×分子，分母×分母"<br>2. 用划线法避免混淆 |
| 单位换算：2m+300cm+5m | 审题不清 | 未统一单位（300cm=3m） | 1. 红笔圈出题目中的单位<br>2. 优先换算成同一单位 |

### 3.3.3 让错题"活"起来，而不是"堆"起来

总结错题本不是目的，复盘思维才有价值。通过"错题→分类→反思→对练→复盘"五个步骤，孩子不再害怕复盘，反而在复盘中不断取得进步。

家长也可以借助 DeepSeek 生成：

★每周错题报告。

★重点易错知识清单。

★模拟考前复习节奏建议。

让孩子在实际分析和做题中逐步实现从"不会复盘"到"善于总结"的转变。

## 结语：复盘是认识自我的过程，而非重复做题

孩子不会复盘，不是因为不够努力，而是因为没人教他们怎

思考"为什么错"。复盘的本质，是发现自己的思维漏洞，是在错题里找规律。DeepSeek 可以与孩子对话，纠正、归纳、激励孩子，教孩子从错误中吸取教训，真正掌握属于自己的学习节奏。

## 3.4 如何用 DeepSeek 辅助练习口语和演讲技巧

你的孩子是否遇到过这样的情景：

★孩子写作文词不达意，说话也表达不清。

★孩子上台演讲面红耳赤，手心冒汗，不敢与人对视。

★孩子知道答案，但不敢在课堂上举手回答。

在很多家庭教育中，表达力被误认为是一种天赋，表达力不行和性格内向有关。事实上，表达力是可以训练的，它包括三个维度：

★孩子的语言组织能力（逻辑清晰、有条不紊）。

★孩子的情绪调节能力（敢说、会说）。

★孩子的表达内容张力（用词生动、有感染力）。

当我们发现孩子不会表达时，是因为孩子的表达系统尚未搭建起来。DeepSeek 能够在表达训练中承担"结构引导者、语言润色者、内容共创者"的角色。

## DeepSeek 实操方案：四步完成"表达练习 + 演讲模拟"

### 第一步：激发表达欲

表达力的第一步不是"会讲"，而是"想讲"。我们必须先解决孩子"没什么可说"的问题。

> **输入指令示例：**

"我想帮助 10~14 岁的孩子提高表达欲望，请根据他感兴趣的领域（如动漫、游戏、动物、探险），生成两个适合口头表达的轻松主题，每个主题附带两个启发性问题，便于孩子展开思考。"

> **DeepSeek输出示例：**

主题1：金牌游戏设计师（适合喜欢玩游戏的孩子）

如果你能设计一款全新的游戏，它会是什么类型（如冒险、解谜、养成）的游戏？

游戏里会有一个怎样的隐藏关卡？只有满足什么条件才能触发？

表达小贴士：可以让孩子画张简单的游戏地图，让孩子来解说。

主题 2：动物界的超级英雄（适合喜欢动物的孩子）

如果动物能拥有一种超能力（如章鱼会飞、猎豹会说话），你觉得什么动物适合什么样的超能力？为什么？

假如你养了一只变异了的宠物（如会喷水的松鼠），你们每天会一起做什么有趣的事？

表达小贴士：鼓励孩子模仿动物的动作或叫声，增加趣味性。

每次练习前，把话题交给孩子，由 DeepSeek 辅助生成内容引导，让表达变得轻松、有趣。关键不是说得好，而是说得开心。

**第二步：搭建表达结构思维导图**

大多数孩子表达混乱，是因为大脑中没有形成"表达结构思维导图"。此时，DeepSeek 具备的"逻辑构建能力"可以派上用场。

**输入指令示例：**

"请将以下口语话题（如我最想去的地方）转化为一张适合 10~14 岁孩子使用的三层结构思维导图（包括开场引入、正式表达、总结升华），并附上口语表达模板，鼓励孩子照图说话。"

**DeepSeek输出示例：**

1. 开场引入（吸引听众注意力）

趣味钩子：用一个神奇的假设或夸张的描述开头。

展开话题：简单说明你为什么选这个地方，这个地方与自身有什么联系。

2. 正式表达（以问题作引导）

问题1：那里有什么独一无二的事物和活动？

问题2：你去那里能学到什么新东西？

问题3：这个地方能使你产生什么样的情绪？

3. 总结升华（给听众留下印象）

行动计划：如果真能去这个地方，你第一件事会做什么？

金句收尾：用比喻句来作为结束。

口语表达模板（照图说话版）

开场引入：

"如果有一天我能瞬间移动到任何地方，我一定会选择＿＿＿！（趣味钩子）想象一下，那里有＿＿＿＿＿＿（夸张描述，如'会发光的森林'或'巧克力瀑布'）！其实，我从＿＿＿＿＿＿（一本书、电影、朋友那里）知道它后，就再也忘不掉了。"

正式表达：

"首先，最吸引我的是＿＿＿＿＿＿＿＿（事或活动）。比如，在那里可以_____（具体活动，如骑乘彩虹色的骆驼）。其次，它还是个'知识宝库'（能学到什么）。我听说_____（有趣的事实，如'当地人会用水晶球预测天气'）。最重要的是_____（情感意义）。每次看到它的图片，我都感觉像发现了秘密基地。"

总结升华：

"如果真的站在_____的土地上，我想做的第一件事是要_____（具体动作，如'用沙子堆一个自己的名字'）。（金句收尾）对我来说，那里不仅是旅行的目的地，更是_____（比喻，如'一个等待打开的魔法盲盒'）！"

通过可视化结构+表达模板，让孩子说话时富有逻辑性，不再是只能说一些零散的片段。

### 第三步：沉浸式演练

很多孩子一面对听众就慌，这是缺乏表达练习导致的。

**输入指令示例：**

"我正在训练孩子进行一次3分钟主题演讲（如'我的未来职业'），请你模拟观众提5个现场问题，问题要具有针对性，并适合10~14岁孩子回答。"

**DeepSeek输出示例：**

"你提到想成为_____（职业），是什么事情或人物激发了你对这个职业的兴趣？"

"你觉得这个职业最'酷'的地方是什么？最'难'的地方又是什么？"

"如果从现在开始为从事这个职业做准备，你会马上做哪件事？"

"你认为你的未来职业能让世界变得更好吗？"

"如果100年后这个职业消失了，你觉得它会被什么取代？"

孩子可以先独立思考，之后再回答，然后交由DeepSeek优化语言、总结亮点与不足，形成演讲报告。

**输入指令示例：**

"请设计一个适合10~14岁孩子使用的'家庭演讲训练营'计划，为期7天，每天需要一个演讲主题＋一个结构图＋若干互动问题＋若干演讲技巧提示，内容轻松有趣，适合亲子共练。"

**DeepSeek输出示例：**

Day1：自我介绍"我的超能力"

主题：用3个关键词介绍自己（如"恐龙迷/创意厨师/冷笑

话大王")。

结构图：

开场："我不是普通人类，其实我有 3 个超能力……"

超能力 1（与爱好有关）+ 例子。

超能力 2（与性格有关）+ 故事。

超能力 3（与秘密有关）+ 搞笑后果。

结尾："可惜我的弱点是＿＿＿＿＿＿＿（幽默收尾）！"

互动问题：

家长猜孩子的哪个"超能力"最常使用？

如果超能力 3 失控会怎么样（如"讲冷笑话让全校人冻僵"）？

技巧提示：手势配合——每说一个超能力，对应动作（如"厨师"的颠锅手势）。

…………

关键原则：过程越有趣越好！家长可以先给孩子示范一下，让孩子感兴趣，愿意参与，这么做的目的是让孩子发现——演讲不是考试，而是像"全世界在听我讲故事"那样快乐！

### 第四步：家长从"听众"变成"教练 + 伙伴"

在孩子表达力训练中，父母应该是支持者和互动者。你可以：

★用手机录下孩子的演讲视频，回看时引导孩子自我评价。

★和孩子一起用 DeepSeek 共创口语话题轮盘，轮流抽卡练习。

★陪孩子一起打分并用 DeepSeek 生成成长曲线图。

**输入指令示例:**

"根据孩子的 3 次表达练习内容(附上结构、语言、时长),请生成一份'表达力成长记录卡',从语言丰富度、逻辑清晰度、情绪控制等维度分析变化,并提出下一阶段的练习建议。"

**DeepSeek输出示例:**

一、3次表达练习对比分析

| 维度 | 第一次练习 | 第二次练习 | 第三次练习 | 趋势 |
|---|---|---|---|---|
| 语言丰富度 | 词汇简单,重复较多(如"然后……然后") | 使用少量形容词(如"漂亮的""有趣的") | 词汇多样化,尝试比喻(如"像小鸟一样") | ↑↑↑ |
| 逻辑清晰度 | 事件顺序模糊,缺乏连接词 | 能用"第一、第二"分点,但结尾突兀 | 结构完整(开头—经过—结尾),因果明确 | ↑↑ |
| 情绪控制 | 语速快,停顿少,紧张笑场 | 语速放缓,但仍有忘词 | 节奏平稳,配合手势,眼神交流增加 | ↑↑↑ |
| 时长控制 | 超时(1分50秒/目标1分钟) | 接近目标(1分10秒) | 精准控制(58秒) | ↑↑ |

二、阶段性成长总结

语言丰富度:从使用基础词汇到尝试使用修辞,进步显著,需积累更多情感类词汇（如"兴奋""惊讶"）。

逻辑清晰度：能构建完整叙事框架，下一步可练习"观点＋理由"的"议论文式"表达。

情绪控制：肢体语言更自然，建议通过录音回放强化语调的抑扬顿挫。

三、下一阶段建议

拓展表达类型：

每周尝试1次"故事创编"（虚构事件）+1次"观点辩论"（如"为什么应该养宠物"）。

进行专项训练：

用"因为……所以""虽然……但是"造句（每天2组）。

学习5个新情绪词并造句（如"失望""自豪""悲伤"，每天2组）。

家庭配合训练：

家长采用"复述反馈法"：先重复孩子的话（肯定逻辑），再补充1个高级词汇（如"你说'跑步很累'，可以试试'精疲力竭'"）。

---

关键原则：父母成为孩子的最大支持者和互动者，孩子才能在一次次的表达练习中进步。

**结语：表达力是孩子面对世界的"第二张脸"**

会表达的孩子容易拥有自信、敢于沟通和影响他人，也更容易在学习和未来的职场中脱颖而出。DeepSeek 可以担任思维结构的构建者、语言模板的设计者、练习内容的陪练员、家庭表达训练系统的好管家。

## 3.5 如何用 DeepSeek 制定"时间—任务管理图谱"

在家庭教育实践中，很多家长都会遇到这样的问题：孩子每天在书桌前学习的时间不少，可是成绩提高缓慢。究其原因，是孩子的学习规划混乱，主要表现为：

★没有明确目标：孩子不知道每天学什么、学到什么程度。

★任务杂乱无章：孩子所有作业、任务堆在一起，不分轻重缓急。

★时间感模糊：孩子不会合理安排学习与休息，容易疲劳、爱拖延。

★执行缺乏反馈：孩子没有形成反思调整机制，计划形同虚设。

如果不及时干预，孩子不仅效率低下，还容易产生自我否定和焦虑情绪，进一步使学习状态恶化。

学习力不仅是知识掌握能力，更是一种任务管理与时间管理的能力。底层逻辑可以用公式简单表达为：高效学习力＝明确的目标设定＋精准的任务分解＋科学的时间管理。

想要获得高效学习力，孩子需要做到三件事：

★设定清晰目标：学习目标要具体、可衡量、可分阶段完成。

★分解并排序任务：明确每天做什么、什么先做、什么后做。

★合理分配时间：用高效时段来完成关键任务。

对于很多孩子来说，凭借自身经验做到以上三点非常困难。而DeepSeek可以帮助孩子，成为学习规划辅助教练。

## DeepSeek实操方案：三步打造专属学习规划

### 第一步：明确学习目标

孩子需要设定具体、可衡量的学习目标，家长可以指导孩子向DeepSeek提出相应的请求。

> 输入指令示例：

"帮我制订一个'英语单科成绩达到85分'的学习计划，时间跨度是45天，要求每周完成两次模拟测试并记录正确率。"

**DeepSeek输出示例：**

整体安排

阶段1（1~15天）：基础巩固（积累词汇＋学习语法）。

阶段2（16~30天）：专项突破（加强阅读＋提高听力）。

阶段3（31~45天）：综合冲刺（练习写作＋模拟考试）。

| 每日学习任务（1.5小时/天） | | |
|---|---|---|
| 时间 | 学习内容 | 具体任务 |
| 0~20分钟 | 高频词汇 | 背诵＋默写中考/高考高频800词20个，用艾宾浩斯记忆法[①]复习旧词 |
| 20~40分钟 | 语法专项 | 每日1个薄弱点（如时态、从句），做15道专项练习 |
| 40~60分钟 | 阅读/听力 | 精读1篇中考/高考真题阅读（分析长难句＋查生词）或做1套听力训练（听写＋跟读） |
| 60~90分钟 | 写作积累 | 仿写1篇范文（侧重结构/高级句型），积累3个万能句式（如强调句、倒装句） |

这样，孩子不会再设定"多学点英语"这样模糊的目标，而是拥有一个清晰可执行的方案。

**第二步：分阶段任务分解**

---

[①] 德国心理学家艾宾浩斯提出，短时间内记住的知识在一个小时后就会忘记，为了增强记忆，人们可以在一个小时后、一天后、三天后这三个时间段内回想复习，这样就能长久地记住知识。

接下来,把总目标细化为具体的阶段性任务,并为各任务标注优先级。

> 输入指令示例:

"根据'期末数学复习',帮我列出未来 30 天每天要完成的具体任务,并标注哪些是最重要的优先级任务。"

> DeepSeek输出示例:

30 天数学期末冲刺计划

目标:系统复习+查漏补缺,重点突破薄弱模块,稳定拿 A(85 分+)。

策略:基础巩固→专项突破→综合模拟,每日标注★为核心任务(必须完成)。

| 基础扫盲(1~7 天) | | |
| --- | --- | --- |
| 日期 | 核心任务(★) | 次要任务 |
| 第 1 天 | ★复习代数公式 | 做 10 道基础代数题 |
| 第 2 天 | ★几何定理证明 | 画图标注关键条件 |
| 第 3 天 | ★解方程式 | 整理易错题型 |

续表

| 日期 | 核心任务（★） | 次要任务 |
|---|---|---|
| 第4天 | ★函数的图象与性质 | 对比 k/b/a 的影响 |
| 第5天 | ★概率与统计基础 | 做2道实际应用题 |
| 第6天 | ★错题重做（第1~5天的错题） | 做5道同类题 |
| 第7天 | ★全等三角形判定公式 | 用尺规作图验证 |

…………

DeepSeek可以根据学习内容、难度和时间分布，合理安排每一天该做什么，让任务条理清晰、压力分散。

第三步：生成时间管理表

完成任务分解后，需要结合每天的实际学习时间，合理安排学习与休息的节奏。

输入指令示例：

"我的学习任务包括数学复习、英语单词记忆、物理习题练习。请帮我安排一份合理的每日时间表，学习和休息时间比例大约是4∶1，16:00点前结束学习。"

**DeepSeek输出示例：**

| 每日学习时间表（总学习时间：6 小时　休息时间：1.5 小时）<br>适用场景：周末/假期（若上学日可压缩任务量调整）★为核心任务 |||
|---|---|---|
| 时间段 | 学习内容 | 具体任务 |
| 7:00—8:00 | 晨间记忆（英语）★ | 背诵30个高频单词（用艾宾浩斯记忆法复习旧词） |
| 8:10—8:40 | 数学专项（核心）★ | 按30天计划完成当天优先级任务（如代数公式/几何证明） |
| 8:50—10:20 | 物理习题（专题）★ | 精练1个薄弱题型（如力学受力分析/电路设计），完成5道题＋错题归纳 |
| 10:30—11:30 | 英语巩固（听力/阅读） | 泛听1篇短文（或精读1篇阅读），背诵生词 |
| 11:40—12:10 | 数学错题复盘★ | 重做前日错题＋做3道同类题，总结易错点 |
| 12:30—13:30 | 物理实验/模型构建 | 动手画电路图/力学模型图（结合课本例题） |
| 13:40—14:10 | 英语写作/语法 | 仿写1个万能句型（如强调句）＋完成10道语法题 |
| 14:30—15:00 | 每日小结★ | 用表格记录今日成果：<br>数学：完成＿＿＿＿<br>英语：背诵＿＿＿＿<br>物理：攻克＿＿＿＿ |

为了不断优化学习计划，家长需要引导孩子每周进行一次复盘，总结经验、查漏补缺。

### 结语：让孩子成为时间的主人

孩子学习规划混乱，不是能力问题，而是缺乏一套有效的方法论和工具支持。通过 DeepSeek 的辅助，孩子可以将抽象的学习任务变成清晰的每日行动；学会自主设定目标与管理时间；逐步建立自我驱动、自我优化的学习体系。

学习，不再是"熬时间"的无序苦战，而是一场有节奏、有章法的高效进步之旅。未来的世界，属于那些既能学习知识，也能管理时间、管理任务的终身学习者。而现在，就是给孩子打下关键能力的最好时机！

## 3.6　如何用 DeepSeek 进行主题式探索学习

在传统的学习方式中，孩子往往围绕课本机械记忆、按部就班。然而，这种模式培养出的学生，很容易被压制个性，让孩子失去好奇心和综合应用能力。

在快速变化的未来社会中，能自主提出问题、主动探索的人，才是真正有竞争力的人才。但现实中，很多孩子在面对开放性问题时茫然无措，比如：

★孩子写研究性学习时无从下手。

★孩子需要做跨学科作业时知识量不够。

★孩子遇到综合性考题时不懂得多角度思考。

如何让孩子跳出这种模式,真正建立起"主题式探索"的学习力?这正是 DeepSeek 可以大显身手的地方。

主题式探索学习是一种以学生为中心,围绕一个真实、有意义的主题,自主学习、提出问题、寻找答案的过程。

它强调以下几个核心要素:

★自主提出问题:孩子不是被动接受知识,而是主动发问。

★跨学科整合:一个主题可能涉及语文、数学、科学、历史、艺术等多学科内容。

★探索与创造:孩子基于探索提出新想法、新方案。

★持续反思调整:孩子在探索过程中不断调整方向,深化理解。

简单来说,主题式探索学习,培养的是孩子面对复杂问题时的综合思考力、创新力与行动力。而 DeepSeek,凭借其强大的生成与交互能力,可以成为孩子在探索学习中的最强搭档。

## DeepSeek 实操方案:五步引导孩子做主题式探索学习

### 第一步:激发兴趣,选定探索主题

探索式学习必须从孩子真正感兴趣的领域出发。可以引导孩子与 DeepSeek 互动,发现潜在兴趣。

> 输入指令示例:

"我是一名中学生,喜欢航天、科幻小说和科学实验,请推荐 3 个适合做研究的探索主题。"

> DeepSeek输出示例:

主题1:外星植物生长实验——火星农场预演

科幻灵感

《火星救援》中主角种土豆的细节。

《阿凡达》潘多拉星球的发光植物。

现实技术

NASA "VEGGIE"[①] 太空种植系统。

中国"月宫一号"生物再生生命保障实验。

你的实验

1. 极端环境模拟:

材料:密封箱、LED 植物灯、蛭石(替代火星土壤)。

变量:低气压(用抽气泵)、高纯二氧化碳(干冰升华)。

---

① 由美国国家航空航天局(以下缩写 NASA)研究的一项在太空种植蔬菜的项目。

2.植物选择:

速生型:水萝卜/豌豆苗(两周见效)。

抗辐射型:拟南芥(可请父母网购种子)。

硬核记录

对比地球/模拟火星条件下的生长速度、形态差异。

用延时摄影记录,制作科普视频。

---

让孩子从熟悉领域切入,找到有兴趣点的话题,点燃学习的火苗。

### 第二步:搭建主题问题链

确定主题后,可帮助孩子围绕主题提出一系列具体的小问题,再逐步分解。

**输入指令示例:**

"围绕'火星移民的挑战',请帮我列出10个从简单到复杂的问题,比如火星的环境特点、适合居住的技术难点、伦理争议等。"

**DeepSeek输出示例:**

基础层:火星环境认知

火星大气成分与地球有何本质区别?

火星昼夜温差为何比地球剧烈？

技术层：生存解决方案

如何低成本获取液态水？

火星建筑能用当地材料 3D 打印吗？

能源方案中，核电池 vs 太阳能谁更靠谱？

生物层：生态系统构建

转基因土豆能在火星土壤中存活吗？

封闭生态圈如何维持氧气平衡？

社会层：人类组织难题

首批移民该选哪些职业组合？

火星法律适用地球规则吗？

伦理争议

应该允许在火星出生的人类返回地球吗？

从"为什么""是什么""怎么样"三类问题出发，形成一个清晰的探索路径，避免迷失在杂乱的信息海洋中。

**第三步：规划资料搜索与信息整理**

提出问题后，需要指导孩子学会搜索、筛选、整合信息，而不是简单复制。

> **输入指令示例：**

"针对'火星移民的挑战'，帮我列出搜索时应该用的关键词，以及推荐查找资料的渠道类型。"

> **DeepSeek输出示例：**

1. 环境适应

基础：火星大气成分地球对比、火星辐射防护方案。

进阶：火星尘暴对设备影响、高氯酸盐毒性处理。

2. 生命维持

基础：火星水提取技术、氧气生成。

进阶：封闭生态系统实验数据。

3. 居住技术

基础：火星栖息地设计、3D打印火星建筑。

进阶：充气式舱体承压测试、地下熔岩管改造。

4. 社会伦理

争议：火星法律管辖权、基因改造适应火星伦理。

心理：长期隔离心理实验、火星食品测试计划任务报告。

5. 能源方案

对比：火星太阳能效率、核电池寿命。

资料渠道推荐

1. 学术机构

NASA 官网：搜索 Mars Human Exploration Objectives，白皮书和任务报告免费下载。

ESA（欧洲航天局）：关键词 Melissa Program（闭环生态研究）。

中国科学院：火星探测工程（中文一手数据）。

2. 开放学术平台

arxiv.org：关键词 Mars Colonization（前沿论文预印本）。

3. 数据库与工具

NASA 行星数据系统网站：NASA Planetary Data System（火星土壤/气候原始数据）。

4. 科普与实验资源

YouTube 频道：Veritasium（火星科技原理动画），The Mars Society（模拟基地实拍）。

5. 互动资源

Reddit 论坛：SpaceX/ColonizeMars（工程师在线答疑）。

6. 游戏模组：

《坎巴拉太空计划》（基于 Mars DirectMod 的技术验证游戏）。

教孩子识别权威信息来源、运用多样检索方式，养成信息素养。

**第四步：形成思维导图**

为了梳理主题知识脉络，可以指导孩子用 DeepSeek 协助绘制思维导图。

**输入指令示例：**

"请根据'火星移民的挑战'这个主题，帮我制作一张思维导图，主要分支包括生存环境挑战、技术支持需求、社会与伦理问题等。"

**DeepSeek 输出示例：**

生成内容用 XMind 工具生成可视化图表

（接下页）

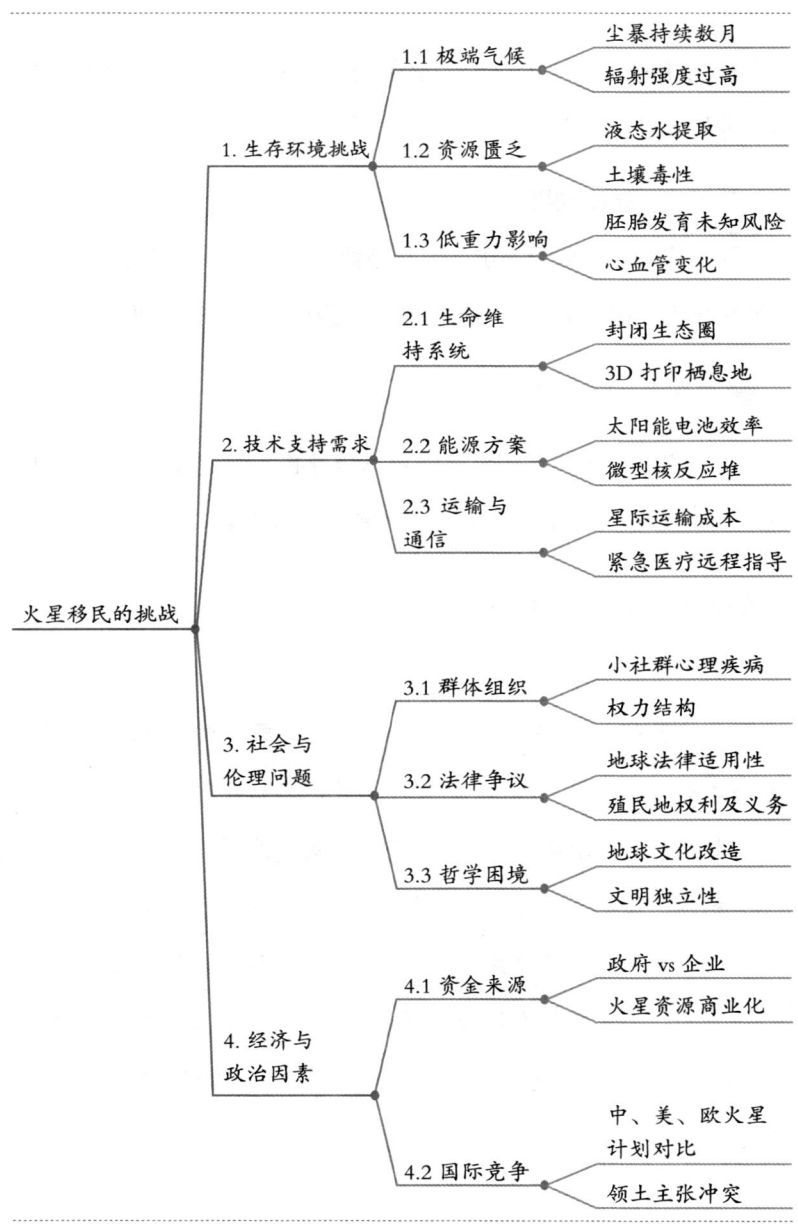

视觉化的结构图可以帮助孩子搭建起知识框架,提高整体思维,分析问题会更全面。

**第五步:输出成果**

探索式学习的最后一步,不是停留在脑海里,而是要把学到的内容转化为具体成果,比如小论文、海报展示、PPT 讲解。

> **输入指令示例:**

"根据'火星移民的挑战'的思维导图,帮我设计一篇面向初中生的小论文大纲,要求条理清晰、通俗易懂。"

> **DeepSeek输出示例:**

一、引言:为什么我们要去火星(100 字)

悬念开头:"如果地球是人类的摇篮,那么火星就是我们即将踏入的'幼儿园'——但这座'幼儿园'充满危险!"

简单背景:地球资源有限,火星是最近的"备份家园"。

举例:埃隆·马斯克说"让人类成为多星球物种"。

二、火星的"恶劣成绩单":生存环境挑战(250 字)

比喻:火星就像全校最严厉的班主任。给我们布置了难题:"冰冻+暴晒"的变态天气,日均温 −73℃(比南极还冷),中午的赤道地区可达 20℃。

类比：一天经历北极的寒冷和赤道非洲的炎热。"毒土+缺氧"的致命环境，土壤含高氯酸盐（有毒），大气里大约96%是二氧化碳。

实验联想：把蚂蚁放进苏打水瓶观察。"隐身杀手"宇宙辐射：没有地球磁场的保护，相当于每天做10次X光。对比：宇航员穿"铅背心"种土豆（《火星救援》剧情）。

三、人类的"作弊神器"：关键技术方案（300字）

比喻：科学家像游戏开发者。给火星移民者设计"外挂装备"：维持生命的"魔法罩"，封闭基地像"巨型太空鱼缸"，藻类造氧+循环尿液变水。趣味事实：国际空间站的水回收率已达93%。图片建议：圆顶屋设计图。能源"充电宝二选一"，太阳能板（容易被沙尘覆盖），核电池（像《钢铁侠》胸口的方舟核反应堆迷你版）。

四、比科学更难的考题：人类自己的问题（200字）

辩论式提问："如果火星上只有100人，该怎么管理？"心理"压力锅"，长期隔离可能让人发疯（参考南极科考队员日记）。法律"空白试卷"，火星上犯罪怎么办？婴儿出生国籍怎么写？伦理"选择题"，该不该用基因技术改造人类身体适应火星环境？科幻关联：《阿凡达》中人类改造基因后可以呼吸潘多拉星球的空气。

五、结论：我们的火星未来（150字）

鼓励行动："也许在你大学毕业时，就能看到第一批火星移民招募广告——你准备好应对这些挑战了吗？"开放思考：你认为最关键的技术是什么？如果你是火星市长，会制定什么规则？

写作小贴士：

火星车照片 vs 地球越野车（对比环境）。

中学生设计的火星基地画作（比赛作品）。

互动环节：文末附二维码，链接到NASA火星天气实时数据。

参考文献：《给孩子的生命简史》（中信出版社），NASA"火星学校计划"官网（适合青少年的实验）。

强调"学习的最终目的是表达"，通过输出训练，深化理解，培养表达力与逻辑思维。

## 结语：DeepSeek如何重塑孩子的探索学习能力？

主题式探索学习强调提出问题、独立思考、创造新知。DeepSeek通过合理提示，帮助孩子在以下方面成长：好奇心驱动：从兴趣出发，引导主动探索；系统性思维：通过思维导图等方式，搭建知识网络；综合应用能力：跨学科整合，解决复杂问题；表达与创造力：学以致用，输出有价值的成果。

只要方法得当，孩子就能在DeepSeek的辅助下，养成探索世界的习惯，走上自主成长的道路。

## 3.7　如何防止 AI 依赖

随着 DeepSeek 等先进 AI 工具进入家庭教育，孩子们掌握了前所未有的学习辅助力量。但与此同时，一种新型隐患也悄然浮现——AI 依赖症。现实中常见的现象包括：

★孩子写作文直接复制 AI 生成的内容。

★孩子解题时让 AI 代做，不再思考问题。

这种现象短期内可能让孩子感到轻松，但长远来看，极大地削弱了孩子的自主学习能力、批判思维能力与创造力。

如何在家庭教育中，科学引导孩子使用 DeepSeek，既充分发挥 AI 优势，又防止过度依赖 AI？这是每一位家长必须正视的课题。

要防止 AI 依赖，首先要在观念上明确：

★ AI 是助理，但并不能直接解决所有事情。

★ AI 可以加速认知，但不能代替人类思考。

具体来说，DeepSeek 在孩子学习中所扮演的角色，应该被理解为：

★ 辅助搜索信息：快速找到资料。

★ 启发思考方向：提供不同角度。

★ 协助练习表达：优化文字表述。

★ 模拟对话交流：作为思维训练伙伴。

当孩子明确了这一能力边界，他们就能在使用 DeepSeek 的过程中保持主动性，而不是被动接受。

## DeepSeek 实操方案：五步建立"协作边界感"

**第一步：明确问题，先思考，再寻求 AI 辅助**

家长可以引导孩子在向 DeepSeek 提问前，自主整理问题框架，即使问题不够清晰，也要尝试独立构思。

> 输入指令示例：

"关于'保护海洋生态'的作文，我想到了减少塑料污染、保护海洋生物两个方面，请帮我补充其他可行的保护措施。"

先想后问，训练孩子形成初步自主思考，再通过 AI 拓宽视野，增加切入点。

**第二步：用 AI 辅助学习**

明确告诉孩子：AI 生成的信息，仅供参考，需要自己再加工、取舍和改写。

**输入指令示例：**

"请列出'网络匿名言论的利与弊'的不同观点，我需要自己做分析。"

引导孩子养成批判性阅读习惯，而不是盲目采纳。

### 第三步：引导孩子用 AI 反向提问，增强批判思维

要学会向 AI 发起反问、质疑与验证。

**输入指令示例：**

"关于'所有人都能适应远程办公'的说法，你能列出可能的反例或限制条件吗？"

通过引导孩子提出疑问，培养怀疑精神和独立判断能力。

### 第四步：设定"使用比例"，强化自主任务完成能力

可以设定一个健康的"AI 使用比例"，比如一项学习任务中，至少 70% 靠自己完成，30% 以内使用 DeepSeek 辅助。

家长可以和孩子一起制定使用协议，比如每次使用 DeepSeek 前，必须先：

★ 自己完成一个初步答案或提纲。

★ 自己标注哪里需要 AI 辅助。

★ 最终成果中注明哪些部分参考了 AI，哪些是自主完成的。

这种机制既保护了孩子的探索欲，也让他们清晰地感知到自己的能力边界。

**第五步：引导孩子总结使用经验，不断反思优化**

每次使用 DeepSeek 后，可以鼓励孩子做一次简短的反思：

★这次我在哪些地方过度依赖了？

★哪些地方是自己主导完成的？

★下次可以在哪些环节更独立一点？

**输入指令示例：**

"帮我设计一份'AI 协作反思表'，让我检视这次学习中哪些地方做得好，哪些地方还需要减少对 AI 的依赖。"

用定期复盘的方式，帮助孩子意识到自己的成长过程，强化自主学习的成就感。

## 结语：真正优秀的孩子，不是"用得多"，而是"用得好"

在 DeepSeek 这样的强大 AI 工具面前，真正优秀的学习者，表现出的是：

★使用意识的清晰：知道什么时候该用、什么时候该自己完成。

★思维能力的独立：能够借力不借脑，扩展不替代。

★成长路径的自觉：在每一次协作中，不断检视和优化自己。

在 AI 时代，家长的角色既不是将孩子隔绝于技术之外，也不是放任他们沉迷其中，而是成为智慧的引路人。从现在开始，我们应该让孩子在享受技术便利的同时，以审慎的态度使用技术，否则就会沦为技术的附庸。

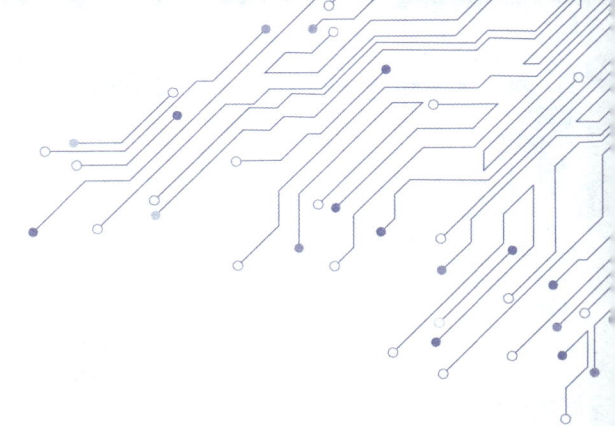

# 第 4 章

## DeepSeek 赋能下的家庭教育新模式

## 4.1 DeepSeek 让亲子关系变为合作

在传统的家庭教育模式中，家长常常处于监督者和管理者的位置：

★盯着孩子写作业。

★限制孩子使用电子设备。

★为孩子制定考试目标并问责成绩。

这一模式虽然初衷是为孩子好，但带来的副作用却不容忽视：

★孩子容易产生逆反心理，对学习失去内在动力。

★家长自身焦虑加剧，家庭气氛变得紧张。

★亲子关系滑向"对立"而非"协作"。

在这种模式下，家长和孩子往往陷入一种"拔河"状态：一边是家长的焦虑施压，另一边是孩子的抵触逃避。那么，有没有一种方式，能够让家长不再成为"督察官"，而转变为真正的学习伙伴？DeepSeek，正为我们打开这样一扇新的大门。

要想真正解决问题，必须首先在观念上完成一次深刻转变：未来合作式教育是把孩子当"学习合伙人",强调家长与孩子共同成长。

在 DeepSeek 时代,AI 可以承担大量辅助性、重复性、技术性的学习支持工作,释放家长的精力,促使家庭教育回归到更高层次——情感交流、思维共创、成长协同。

换句话说,DeepSeek 不仅是孩子的学习助手,更是家长与孩子之间的"认知共创平台"。只要用得好,DeepSeek 就能够让亲子关系从单向监督真正转型为双向合作。

### 4.1.1 DeepSeek 实操方案:四步完成"亲子协作"

**第一步:共同制定学习目标**

让孩子参与制定自己的学习目标,增强主动性和责任感。

**输入指令示例:**

"我想和孩子一起制订下个月的英语学习计划,请帮我们列一个初步框架,让孩子可以自由填充具体内容。"

**DeepSeek 输出示例:**

(基础板块)每日小任务(建议 15~20 分钟)

单词冒险岛

每周主题：□动物 □食物 □太空 □_____（孩子填）。

每天学_____个新词（建议3~5个），用便利贴贴在_____（如冰箱/书桌）。

周末小测验：用单词造句。

听力时光

选择：□英文儿歌 □英文动画片片段 □_____（孩子填）。

每周____次，每次听____分钟，听完模仿1句最喜欢的台词。

（兴趣板块）自由选择（每周任选3项）

演：和爸妈演《小红帽》英文迷你剧（分配角色：_____）。

唱：学会1首英文歌（歌名：_____）。

读：共读绘本《_____》第____页到第____页。

玩：用英语玩_____游戏。

自由创作：_____（孩子可提议，如做英语天气海报）。

关键点：目标共创而非命令下达，让孩子成为学习的主人。

**第二步：把学习任务转化为协作项目，而不是单向完成**

把枯燥的作业或学习任务，重新包装成"亲子小游戏"，共同分工协作。

> 输入指令示例：

"请帮我把'了解地球气候变化'这个主题，设计成亲子协作项目，我和孩子各负责一部分内容，最后做个小展示。"

DeepSeek输出示例：

| 阶段 | 家长任务（研究员） | 孩子任务（地球小卫士） | 协作方式 |
|---|---|---|---|
| 研究周 | 收集国家地理气候变化科普视频 | 用相机拍家中/社区的"气候线索"（如空调、垃圾） | 每晚15分钟"发现交流会" |
| | 制作简易碳排放对比表（交通/食物/用电） | 画"未来地球"预言画（极寒版/极热版） | |
| 行动周 | 设计家庭节能挑战（如关灯1小时之夜） | 用废品做"环保发明"（如雨水收集瓶） | 周末举办"家庭低碳日" |
| | 带孩子超市采购时讲解食品碳排放足迹 | 给家电贴"节能小贴士"（画表情包提醒） | |
| 展示周 | 制作PPT时间轴（工业革命→现在→未来） | 排练3分钟"动物天气预报"（扮演北极熊/企鹅） | 用视频会议软件邀请家人观看展示 |

关键点：让学习充满参与感，使孩子在协作中体验到成就感。

第三步：共同使用 DeepSeek，作为认知对话的"第三方"

将 DeepSeek 引入亲子对话，打破权威，让讨论更平等、开放。

> 输入指令示例:

"请以思考伙伴的身份,设计5个关于'人工智能对未来工作的影响'的问题,让我和孩子一起探讨,不给直接答案。"

> DeepSeek输出示例:

1. 想象力启动器

"如果AI能完成所有考试和作业,你觉得学校应该变成什么样?操场/教室/老师会如何变化?"

2. 角色扮演题

"现在请你当AI公司的CEO,你会设计哪三种'绝对不能交给AI做'的工作?为什么?"

3. 生活观察家

"观察爸爸妈妈的工作,哪些任务像'机器人指令'(重复性强)?哪些像'魔法咒语'(需要突然的灵感)?"

4. 时间胶囊问题

"如果20年后你的工作伙伴全是AI,你希望它记住你的哪三个'人类特质'?"

5. 矛盾辩论赛

"有人说'AI会让人类变懒',也有人说'AI让人有更多时间做有趣的事',你觉得哪边更对?能举个例子吗?"

每个问题后可以追加：

"这个想法有趣！如果是你的好朋友××，可能会怎么回答？"

"有没有什么东西是 AI 永远学不会的？"

关键点：DeepSeek 不是权威的回答者，而是启发对话的催化剂。

### 第四步：定期一起复盘与庆祝，而非单纯检查

建立一种积极、正向的复盘模式，而不是问责、批评。

**输入指令示例：**

"请帮我做一个亲子复盘清单，用来总结最近一次共同完成的项目经验，注重积极反馈。"

**DeepSeek输出示例：**

（我们的项目探险总结）

项目名称：_____

完成日期：在日历上圈出这一天并画颗小星星。

1.宝藏发现地图（我们做到了！）

最自豪的成果：

（家长）我欣赏你当时_____（具体行为，如"主动提议画解说漫画"）。

（孩子）我觉得自己超棒的是＿＿＿＿＿＿＿＿＿＿＿＿＿＿＿（用孩子原话记录）。

意外收获：

我们本来想＿＿＿＿＿＿＿，结果发现了＿＿＿＿＿＿＿（如学气候知识时意外找到啄木鸟纪录片）！

2.神奇配合时刻（合作闪光点）

最佳搭档瞬间：

分工时你＿＿＿＿＿＿＿我＿＿＿＿＿＿＿（如"你查资料＋我画图"）。

遇到困难时我们一起＿＿＿＿＿＿＿（如"重新看教学视频第3遍"）。

从对方身上学到：

（家长）你教会我＿＿＿＿＿＿＿＿＿＿＿＿＿＿＿（如"用乐高解释碳排放"）。

（孩子）原来爸爸妈妈会＿＿＿＿＿＿＿＿＿＿＿＿＿（如"用 Excel 做彩色图表"）。

············

关键点：把每一次复盘都变成一次共同成长的庆典，而不是一场单向的审判。

### 4.1.2 常见误区提醒:警惕"换皮监督"陷阱

在实践中,有些家长表面上采用了"协作"形式,实际上还是在掌控孩子的学习节奏。

这种"换皮监督",只会让孩子更加失去自主性,破坏信任感。真正的协作,是允许孩子表达不同观点、允许试错、允许探索。DeepSeek 的力量,只有在平等对话和真实共创中才能真正释放出来。

### 结语:亲子关系重构,从信任开始

在 DeepSeek 的赋能下,家庭学习正在经历一场深刻变革:

★家长从"控制者"变为"合作伙伴"。

★孩子从"被管理者"变为"主动探索者"。

★家庭从"高压战场"变为"共创实验室"。

未来属于能够自我驱动、与 AI 协作、拥有创造力的一代人。而这种能力,不是靠监督培养出来的,而是靠合作激发出来的。从今天开始,和孩子一起把 DeepSeek 当作一个共创的桥梁,让学习成为亲子之间的连接,让成长在合作中自然绽放!

## 4.2 DeepSeek 助你构建低冲突沟通模式

在 DeepSeek 时代,我们可以探索一种新的可能:低冲突、高效能的亲子沟通模式。

要减少冲突,需要重建沟通的四大支点:

★情绪调节:先冷静下来,再与孩子沟通。

★需求识别:听见孩子情绪背后的真正需求。

★非暴力表达:向孩子清晰、坚定而温和地表达。

★认知共创:引导孩子参与。

DeepSeek 可以在这些关键节点上,成为家长的智能辅助,帮助我们提前预演沟通、设计对话策略、调整表达方式,从而在现实中大幅降低冲突概率,让家庭氛围和谐起来。

### 4.2.1 DeepSeek 实操方案:五步打造"低冲突沟通法"

#### 第一步:自我情绪扫描

在沟通前,先快速了解自己的情绪状态,避免情绪失控。

**输入指令示例：**

"我刚刚因为孩子写作业拖延而感到生气，请帮我整理出我的情绪背后可能隐藏的真正焦虑是什么。"

**DeepSeek输出示例：**

未来投射型焦虑

担心拖延习惯影响未来成绩/升学。

恐惧孩子形成"不负责"的人格特质。

自问：是否把这次拖延想象成了未来失败的起点？

自我价值质疑

"我的教育方式失败了吗？"

其他家长/老师会因此否定我的育儿能力吗？

自问：孩子的行为是否触动了我"不够好"的旧伤？

失控感引发的恐慌

作息被打乱的无力感（如影响睡觉时间）。

对孩子自主权的认知冲突（"为什么就是不听我的"）。

自问：我需要控制的到底是事件本身，还是我的不安？

时间剥削焦虑

自己的休息/工作时间被挤压的委屈。

长期付出与预期回报不平衡的疲惫。

自问:我是否在借孩子的拖延宣泄自己的压力?

情感交流中止的恐惧

害怕因冲突破坏亲子关系。

担忧孩子不再向我求助。

自问:愤怒是不是我表达关心的笨拙方式?

关键点:先"面对自己",才能有力量去平和地面对孩子。

**第二步:识别孩子真正的需求**

孩子的拖延有时候是有原因的,家长应该探寻这种行为背后的需求。

> **输入指令示例:**

"孩子今天写作业时又磨蹭,还显得很烦躁,请帮我推测他可能的情感需求,并设计3个可以温和沟通的问题。"

> **DeepSeek输出示例:**

孩子可能的情感需求推测

自主权需求

对"被安排"的隐形反抗,渴望掌控感。

可能出现的信号:孩子故意拖延开始时间/频繁更换作业顺序。

能力受挫感

孩子遇到理解困难但不敢承认，用磨蹭逃避挫败。

可能出现的信号：孩子反复擦改/长时间盯着一道题。

情绪超载

白天积累的压力（如社交挫折）通过作业场景释放。

可能出现的信号：孩子突然扔笔/趴桌子等肢体语言。

连接渴望

孩子通过拖延获得父母关注（哪怕是负面关注）。

可能出现的信号：孩子偷瞄家长反应/故意提问简单问题。

3个温和沟通问题设计

问题1：赋能式提问

"注意到你一直在调整书本位置，是不是希望自己决定写作业的节奏？我们能不能一起设计一个作业启动仪式？比如你可以选择：先做哪科作业？用计时器还是沙漏？"

目的：将对抗转化为合作，给予孩子有限选择权。

问题2：隐喻式提问

"这道题是不是像堵在路上的石头？需不需要我们像游戏里那样，先给石头起个搞笑名字（如'阿呆数学怪'），再找三个武器打败它（武器可以是查课本第×页/画图）。"

目的：用游戏化降低孩子的防御，具体化困难。

问题3:情感命名提问

"你现在的感觉更像哪种表情?或者你有更好的描述?"

根据回答继续:"这种表情需要什么才能笑起来?"

目的:用具象化表达替代情绪对抗。

关键点:冲突不是解决,而是连接;了解需求,才能真正对症下药。

### 第三步:设计非暴力沟通表达

用尊重、不带批评色彩的语言代替指责、威胁或讽刺。

**输入指令示例:**

"我想让孩子早点开始写作业,但又不想用命令的口气,请帮我根据非暴力沟通框架,重新组织语言。"

**DeepSeek输出示例:**

1. 观察事实

"你怎么又拖到这么晚!"

"我注意到现在时钟的指针走到了7,而作业本还停在第一页。"

用具体现象代替指责,给孩子"被看见"的安全感。

2. 表达感受

"你总是这样让我很生气！"

"我有点担心，因为如果睡眠不足，明天晨读你会头疼。"

将情绪转化为关怀，避免孩子触发防御心理。

3. 说明需求

"你必须马上开始写！"

"我们需要在9点前完成作业，这样我们都能有时间讲那个新的恐龙故事。"

把"对抗目标"转化为"共同利益"。

4. 提出请求

"现在立刻去写作业！"

"你希望像火箭发射一样倒计时3、2、1开始，还是先吃掉这颗'能量葡萄'再启动？"

用游戏化语言提供可选项。

---

关键点：表达情绪，而非发泄情绪；提出请求，而非发出命令。

### 第四步：预演多种沟通情境

在正式沟通前，先通过DeepSeek预演孩子的不同反应，并准备好应对策略。

**输入指令示例：**

"我要和孩子谈减少看短视频时间的问题，请帮我预演两种他可能出现的反应，并给出我的回应。"

**DeepSeek输出示例：**

情景1：防御性反驳

孩子反应："我同学都看更久！而且我作业都写完了凭什么不能看？"

回应步骤：

共情联结："听起来你觉得爸爸妈妈的规定比别人严格，完成作业后确实需要放松。"

事实重构："不过你发现没有？上周你说看完短视频经常眼睛酸，像有小沙子。"

赋能选择："我们试试把30分钟拆成两次15分钟可以吗？或者你列个最想看的3个视频清单？"

情景2：消极抵抗

孩子反应："反正我说什么都没用。"

回应步骤：

情绪共情："现在你心里是不是有种'说了也不被理解'的烦闷的感觉？"

自我暴露:"爸爸妈妈以前被禁止看电视时,也偷偷在被窝里哭过。"

创造第三方视角:"如果你是手机里的人物,他会怎么劝你少看短视频呢?"

关键点:预演不是假设最坏的结果,而是提前准备,有所应对。

### 第五步:共创解决方案

让孩子也参与到问题的解决中,提高孩子的合作感和执行力。

> **输入指令示例:**

"最近孩子作业完成质量不高,请帮我设计一个共创对话,让孩子自己提出提高作业质量的办法。"

> **DeepSeek输出示例:**

第一步:建立安全氛围

行动:准备孩子喜欢的零食和彩笔,坐在平等高度的位置。

开场白:"我们来玩个作业侦探游戏好不好?你当主侦探,爸爸妈妈当助手,一起破解如何让作业更酷的谜题!"

第二步:聚焦事实(不评判)

工具:打印或手绘最近的3次作业。

提问设计：

"如果用恐龙战队来打分，这份作业哪部分像霸王龙（最强）？哪部分像小翼龙（待进化）？"

第三步：激发自主方案

创意生成卡：让孩子抽取回答。

如果作业是乐高城堡，缺了哪块积木会倒塌？怎么补？

假设你是老师，会给自己哪条改进建议？

第四步：可视化契约

共创工具：制作作业升级通关图。

孩子画下想战胜的"作业怪兽"（如粗心大魔王）。

第五步：弹性跟进机制

复盘话术：

"昨天你打败了应用题怪兽，那种感觉怎么样？"

"如果给今天的作业策略打分，1~10 分你会打几分？差的那几分去哪里了？"

---

### 4.2.2 常见误区提醒：低冲突≠无底线放纵

低冲突沟通，并不是放弃原则，而是在尊重对方的同时坚守底线，在温和中坚持原则。

比如，你可以平和地告诉孩子："我理解你现在累了，但按时完成作业是必需的，我们可以讨论怎么做更轻松一些。"可以坚定地说明规则："我不会因为你哭闹就同意你玩手机，但我愿意听听你需要娱乐的建议。"家长温柔而坚定，才是与孩子低冲突沟通的真正方式。

### 结语：低冲突沟通，让爱听得见

在 DeepSeek 的赋能下，我们可以重塑家庭沟通的模式：吵闹、责骂不再是日常；理解、协作成为主旋律；家庭从冲突之地，变为温暖港湾。

低冲突沟通，不是技巧的堆砌，而是源于对孩子深深的理解、尊重与信任。而 DeepSeek，正是帮助我们厘清情绪、优化表达、预演对话、共创方案的得力助手。从现在开始，用更温和、更聪明的方式去爱孩子，也去成就自己。

## 4.3 如何用 DeepSeek 制定学习制度

许多家庭都有这样的困扰：

★孩子做作业不到 10 分钟就去喝水、上厕所。

★孩子每天学习内容混乱无序,想到什么学什么,缺乏连贯和系统性。

★家长监督很累,孩子抗拒心理又强,学习成了双方都焦虑的事情。

一边是父母对孩子自觉性的高期待,一边是孩子在混乱环境中不断迷失,这背后的真正问题是:家庭学习缺少清晰、可执行的规则与流程。

在学校,孩子们可以在统一作息的课堂纪律中高效学习;在家里,如果没有制度设计作为支撑,仅靠提醒和催促,是远远不够的。学习也需要制度化。

在 DeepSeek 时代,家庭成员完全可以借助智能工具为孩子量身打造一套适合孩子的学习制度和流程,既提高学习效率,也重塑亲子关系。

"不要指望人性,去依赖机制。"在家庭学习管理中也是如此,一个科学的家庭学习制度,应该满足以下几个基本特征:

★明确清晰:孩子的学习内容、时间、方式一目了然。

★参与共创:孩子有参与感,认同感强。

★流程标准:每一步都有明确的操作指引,避免孩子自由发挥。

★弹性优化:可以根据孩子的实际情况灵活调整。

★内在激励:通过可见的成长反馈,激发孩子的持续动力。

DeepSeek 在家庭学习制度中提供思路启发、框架设计、流程打磨和提示优化,帮助家长从"监督者"变为"引导者"。

## DeepSeek 实操方案:五步搭建"家庭学习制度"

### 第一步:盘点家庭学习现状

只有了解现状,才能量身定制家庭学习制度,而不是盲目套用模板。

**输入指令示例:**

"孩子在家做作业时总是拖延、分心,请帮我列出可能导致这种现象的内部和外部原因清单。"

**DeepSeek输出示例:**

1. 任务设置问题

目标模糊(如"复习数学"vs"做课本 P35 第 1~3 题")

线索:孩子频繁问接下来要做什么。

难度不适配

线索:卡在某题超过 15 分钟就开始走神。

2. 环境干扰

数字诱惑（手机/平板电脑在视线范围内）

线索：孩子眼神频繁瞟向电子设备。

家庭作息混乱

线索：孩子写作业时常有家人走动。

3. 反馈机制缺失

完成作业后只有新任务（缺乏正向激励）

线索：孩子抱怨做完这个还有那个。

过度代劳（家长频繁催促或直接给答案）

线索：孩子一遇到困难就等待帮助。

4. 时间感知薄弱

缺乏具象化时间工具

线索：孩子对"再写 30 分钟"无概念，实际仅坚持 5 分钟。

---

关键点：制度不是为了解决情绪上的不爽，而是为了解决结构性的问题。

### 第二步：设定目标导向

明确希望通过家庭学习制度实现哪些具体目标，如：每天自主学习 2 小时；独立完成错题整理；每周完成一次小项目总结……

**输入指令示例：**

"我的孩子英语词汇量偏少,请帮我制订一个可量化的 30 天词汇训练计划。"

**DeepSeek输出示例：**

30 天词汇训练计划：

☑ 认知词汇：新增 150 个高频单词（每日 5 词）

☑ 活用词汇：能正确拼写/造句 80 个核心单词（每日 2~3 词）

☑ 兴趣词库：自主收集 30 个兴趣相关单词（如恐龙/公主/足球术语）

第 1~7 天：启动期目标：建立单词收集习惯

每日任务：

通过图片联想法学习 5 个新单词（以名词/形容词为主）。

用 3 个新词编一个搞笑句子。

检测工具：制作"词汇树"贴纸墙,每掌握 5 个词贴一片叶子。

第 8~14 天：巩固期目标：强化词义理解

每日任务：

用新单词玩单词分类游戏（如食物/动物/动作词卡分类）。

看 2 分钟动画片段找出学过的 3 个单词。

检测工具：周末用"你说我画"游戏检测理解度（家长说词，孩子画图）。

关键点：没有目标的制度，就是空洞的规定。目标具体，执行才有方向感。

**第三步：制定制度框架**

家庭学习制度，不只是列几条规矩，还要把执行流程标准化，做到：什么时间段学？学什么内容？如何开始？如何结束？出现困难怎么办？每天、每周的反馈和总结怎么进行？

**输入指令示例：**

"希望孩子每天自觉完成作业＋英语练习＋阅读，请帮我设计一个具体流程（包括开始、结束总结和奖励反馈机制）。"

**DeepSeek输出示例：**

开始（3分钟心理锚定）

1. 能量启动站

让孩子选择：

按下"太空任务按钮"（自制开关）。

和玩偶击掌交接"学习力"。

做3次"大脑开机操"（伸展运动＋深呼吸）。

2. 可视化任务板

用磁贴展示今日任务（图片版）：

语文作业→采蜜罐（完成度 0/5 朵花）。

英语练习→猫头鹰图书馆（需收集 3 个单词宝石）。

阅读任务→外星人加油站（读 1 页 =1% 燃料）。

结束总结（4F 复盘法[①]）

Fact（事实）："今天我们打败了____个作业怪兽，收集了__颗单词宝石。"

Feeling（感受）："你觉得最有成就感的是_____，最烦躁的是_____。"

Finding（发现）："原来用____方法背单词更快！"

Future（未来行动）："明天想尝试把数学作业变成____游戏。"

视觉记录：用手机拍下今日成果，周末制作"成长动画"。

奖励反馈机制

即时奖励（每日）：任务板全部贴满→抽取"神奇预言卡"。

"你明天会_____"（如"得到一个小礼物"）。

阶段奖励（每周）：完成 21 项任务→激活"家庭特权券"。

周末可以决定玩游戏的时间。

---

[①] 是一种结构化的反思工具，即 Fact（事实）、Feeling（感受）、Finding（发现）、Future（未来行动）四个步骤。

终极奖励（每月）：全月达标→解锁"成就之旅"。可得到一本喜欢的书。

关键点：明确规则＋标准流程，才能让制度真正落地。

**第四步：让孩子参与设计与承诺**

制度绝不能只是"家长命令"，而应该是亲子共创、共同约定的结果。让孩子在制定过程中有发言权，甚至主导一些规则制定，可以极大提高孩子遵守的意愿和驱动力。

> **输入指令示例：**

"我希望和孩子一起制定学习制度，请帮我设计一场亲子协商对话，既表达家长的期待，也充分听取孩子的想法。"

> **DeepSeek输出示例：**

第一阶段：营造平等氛围

环境准备：在茶几上摆放孩子喜欢的零食和饮品。

"今天我们像联合国开会一样，一起制定《家庭学习公约》。你是'儿童代表'，我是'家长代表'，谁说得有道理就采纳谁的方案，同意吗？"

第二阶段：表达与倾听

1.家长表达期待（使用非暴力沟通）

"妈妈注意到最近_____（具体观察），这让我有点担心_____（感受），因为希望你能_____（需求），所以我们能不能一起想想办法_____（请求）？"

2.孩子表达需求（引导具象化）

互动工具：发放"情绪卡片"（开心/无聊/烦躁/自豪等）。

"如果用这些卡片形容写作业时的感觉，你会选哪几张？什么时候最容易出现（卡片情绪）？"

第三阶段：共创方案

1.利益交换清单。

2.创意解决方案池。

第四阶段：处理分歧

第五阶段：签约仪式

关键点：参与感＝认同感，认同感＝执行力。

**第五步：周期性优化调整**

孩子成长快，需求变化也快。制度制定后，不能一成不变，要定期复盘、微调，让制度跟着孩子的成长同步升级。

**输入指令示例：**

"请帮我生成一份家庭学习制度复盘对话清单，包括满意度评价、困难点梳理、优化建议采集等环节。"

> **DeepSeek 输出示例：**

满意度评价环节

1. 情绪天气报告

如果用天气形容过去一周的学习时间，你会选？

晴天（超满意）____ 多云（还行）____ 雨天（不喜欢）

家长记录：孩子选择____，因为_____。

2. 三色评分法（贴纸或涂色）

| 项目 | 孩子评分（贴表情） | 家长评分 |
| --- | --- | --- |
| 作业完成效率 | | |
| 英语练习趣味 | | |
| 亲子合作体验 | | |

············

关键点：制度灵活，孩子才能跟着成长，而不是被制度束缚。

**常见误区提醒："制度"不是"惩罚"，也不是"控制"**

很多家长在推行学习制度时，容易掉入两个极端：极端惩罚型：违反就惩罚、扣分，使学习充满压迫感；过度宽松型：制度制

定了,但执行力不行,失去权威性。正确姿势是:

★制度是为了支持成长,不是为了施加控制。

★制度本身要有清晰激励和合理弹性。

★制度之外,要有亲子情感的柔性连接作为支撑。

**结语:有温度的制度,才能成就真正的学习自由**

制度不是束缚,而是助力。一个科学、清晰、灵活的家庭学习制度,可以让孩子在明确的结构中自由成长,在稳定的节奏中探索兴趣,在日复一日的正循环中,建立起自信和自律。

DeepSeek能够帮助家庭从混乱走向秩序,从焦虑走向成长。制定制度,不是为了管住孩子,而是为了放飞他们。从今天起,用DeepSeek,与孩子一起,建造一艘专属于家庭学习的航母,承载梦想,驶向未来。

## 4.4 如何用 DeepSeek 从分数导向到成长导向

在无数个家庭中,类似的对话每天都在上演:"这次怎么又考砸了?""你看,别人家孩子都95分了!""只要成绩好,什么都好说;

考差了,别想玩手机。"分数,似乎成了衡量孩子价值的唯一尺度。然而,长期的"分数导向"模式,带来的负面效应不容忽视:

★孩子把学习等同于痛苦的任务,只为避免责备。

★孩子面对挑战,选择逃避而非主动迎战,害怕失败。

★亲子间因成绩起伏不断积累矛盾和失望。

★孩子逐渐丧失内在驱动力,缺乏成长型心态。

分数是学习成果的某一外在体现,但成长才是学习真正的内核。如果只盯着分数,忽略了孩子在努力、坚持、突破、思考中的变化,那么,无论考多少次高分,都无法培养出真正强大的内心。AI时代的家庭教育需要从分数导向转为成长导向。而DeepSeek可以在这一转变中,成为家长的有力辅助。

想让孩子摆脱分数焦虑,不是简单地说一句"分数不重要",而是要用实际行动,帮助孩子建立新的心理认知。心理学研究发现:人的自我效能感,主要来源于真实体验中的小成就,而非外部评价。换句话说,一个个被看见的小进步、小突破、小努力,才是激发内在动力的关键。这就是成就感事件的意义:

★让孩子在努力的过程中体验到成就感。

★通过记录、复盘,强化孩子自我成长认知。

★用正向循环,替代孩子面临的单一的分数焦虑循环。

成就感事件,哪怕只是:今天主动复盘了一道错题;克服了开口表达的紧张情绪；坚持完成了一个为期一周的小挑战……这些被看见、被肯定的"微成就"，就会像一颗颗小火苗，点燃孩子内心的成长动力。而 DeepSeek，正是帮助家长和孩子发现、记录、总结这些成就的利器。

## DeepSeek 实操方案：五步搭建"成就感事件系统"

**第一步：识别"成长信号"——找到值得被记录的瞬间**

成长不仅是考试名次的跃升，还包括态度转变、技能提高、升级思维方式等。

**输入指令示例：**

"请帮我列举孩子在日常学习和生活中，哪些变化可以被视为'成长信号'，适合构建成就感事件。"

**DeepSeek输出示例：**

1. 自主性萌芽：孩子主动收拾书包/检查作业清单（从丢三落四到自我检查）。

2. 思维升级：孩子能把错题归类整理（从单纯改错到模式识别）。

3. 微小独立：孩子第一次成功系出对称的鞋带。

4.情绪管理：孩子生气时主动去"冷静角"(从崩溃大哭到自我调节)。

5.隐性进步：孩子主动给缺课的同学分享笔记（同理心具象化）。

6.思维外化：孩子用乐高搭建学校平面图（空间思维可视化）。

关键点：事件虽小，但成长的意义却很大。

### 第二步：记录成就轨迹——让小变化可见、可感知

成就感需要被具体记录，而不是只存在家长的脑海中。可以借助DeepSeek生成记录清单，比如，今天突破了什么小难关？今天学到了什么新技能？今天有什么值得骄傲的小事？

**输入指令示例：**

"请帮我设计一份适合小学生/初中生的每日/每周'成长小成就记录表'模板。"

**DeepSeek输出示例：**

周一（启动日）：今天哪件事我多坚持了一下？

周二（探索日）：我尝试了什么新方法？

周三（创造日）：我制造了什么作品？

周四（解决日）：我解决了什么问题？

周五（成就日）：我最骄傲的一件事是什么？

周六（自由日）：我主动做了什么事？

周日（回顾日）：这周哪次失败让我有收获？

关键点：记录具体事件，一点点看到其中的变化。

**第三步：正向复盘总结——赋予小成就深度意义**

成就感事件不能只是机械打卡，更需要通过复盘提炼出成长意义。其可以引导孩子用DeepSeek对自己的成就进行：成果描述（做成了什么）、难点分析（过程中遇到的挑战）、心态变化（一开始怎样，后来有什么不同）、经验提炼（以后遇到类似问题怎么做）。

**输入指令示例：**

"请帮我设计一个适合孩子复盘成就感事件的思考提纲，包括感受、经验和应用延伸。"

**DeepSeek输出示例：**

我的成就事件探索地图

第一站：感受花园（情绪觉察）心情万花筒

我当时心里冒出哪些"情绪小精灵"（用颜色标注：□兴奋□骄傲□紧张……）？

我的身体有什么感觉（如心跳加快／手心发热→这是勇气在发芽的信号）?

第二站：经验矿山（过程分析）宝藏挖掘机

我用了哪些"秘密武器"（工具：向老师请教／画思维导图／深呼吸……）?

哪些小步骤像积木一样搭成功了?

第三站：未来太空站（迁移应用）超能力转换器

我这次获得的哪种能力可以用在其他事情上？

下周想挑战什么"新星球"？

关键点：复盘事件能让成就变成能力沉淀。

**第四步：适度仪式化庆祝——强化成就体验**

适度的庆祝仪式，可以放大成就体验。比如：小型颁奖仪式（做一张"勇气之星"证书）；家庭小庆祝（做一次特别的晚餐）；成就墙展示（用画板或电子工具记录成就故事）。DeepSeek 可以协助家长生成创意庆祝方案，增强仪式感。

输入指令示例：

"请帮我设计一套适合在家操作的'成就庆祝仪式'清单，不需要花太多钱但要有仪式感。"

**DeepSeek输出示例：**

1. 银河许愿瓶象征物：透明水瓶＋夜光贴纸

行动：每完成一个小目标就投入一颗"星星"（折纸），关灯后看"银河"。

台词："这是你攒下的勇气星光。"

2. 时光胶囊茶话会象征物：铁皮饼干盒当时间胶囊

行动：全家边吃点心边给孩子写预言信："我们打赌你三个月后能……"

3. 人形奖状合影象征物：用粉笔在地上画超大"奖状框"

行动：孩子躺在框内摆大字，俯拍视角拍照后配上文字。

配文例："宇宙最佳单词记忆大师。"

关键点：庆祝的是过程，不是结果；奖励的是成长，不是事件。

### 第五步：构建成长地图——让成就串联成长期价值感

通过 DeepSeek 的协助，可以设计：成就感月历、成长故事集、个人能力清单、心态变化曲线……让孩子清晰地看到自己不断进步的轨迹。

**输入指令示例：**

"请帮我生成一份'个人成长星图'模板，方便记录孩子过去 3 个月的重要成就感事件及心理变化。"

DeepSeek输出示例：

| 日期 | 成就星球名称 | 星球特征（用 3 个关键词） | 困难陨石 | 收获燃料 |
|---|---|---|---|---|
| 5.12 | 独立作业星 | 专注、计时器、少擦改 | 应用题卡壳 | 番茄工作法 |
| 6.3 | 友谊卫星 | 分享、道歉、合作 | 争抢玩具 | 情绪暂停角 |
| 7.5 | 家务小行星 | 分类、速度、创新 | 碗没洗干净 | 五步打扫法 |

关键点：当孩子能看见自己的成长曲线时，就拥有了不被分数裹挟的力量。

**常见误区提醒：成就感不是"捧杀"**

在实践中，有些家长可能会过度夸大小成就、盲目表扬，失去真实感；成就感活动流于形式，变成新的负担。

正确姿势是：真诚而具体地肯定成长；尊重孩子真实的情绪体验；关注过程和变化，而不是绝对结果。

### 结语：培养内在成就感，才是真正的教育成功

未来社会，需要的是拥有自我激励能力、成长型心态的人。当家庭教育从分数导向转向成长导向，当 DeepSeek 帮助你持续发现、记录、放大孩子的每一次成长，你会发现：孩子自驱力变强了；亲

子关系更温暖了；孩子的世界，不再因一张试卷而天塌地陷。真正的成就，不在分数表上，而在孩子不断成长的灵魂里。

从现在起，用 DeepSeek 一起点燃孩子内心的成长之火，一场属于未来的教育革命，就从一个个被看见、被珍惜的小小成就感事件开始！

## 4.5 如何用 DeepSeek 做"知识连接"

在不少家庭，孩子的学习日常是这样的：

★孩子上午刷数学卷子，下午做英语练习，晚上听语文阅读讲座。

★孩子每天任务表安排得密不透风，却仍常听到孩子说"没兴趣""太无聊""不知道学这个干吗"。

这背后，其实是知识孤岛现象在作祟：各学科被分割开来，孩子难以在现实中看到它们的联系和意义；久而久之，学习变成了机械操作，而非理解。更糟糕的是——学得再多，也无法解决问题；缺乏系统性视角，无法"融会贯通"；缺乏主动探索的动力，只能被动地接受知识的投喂。

从知识到能力，从学习到创造，最关键的一步是跨学科连接。而这一步，恰恰是传统家庭教育最容易忽视，也是最难做到的部分。这时候，DeepSeek 可以成为打开局面的关键工具。

举个例子：如果孩子对"海洋污染"产生兴趣，不应只查一份环保手册，而可以探索以下几个方面：

★地理：海洋的分布和洋流系统。

★化学：塑料降解的原理。

★生物：污染对海洋生物的影响。

★政治与伦理：国际环保协定、责任主体。

★语言表达：制作演讲稿，或撰写倡议书。

★技术：用 AI 建模或可视化展示数据。

真正优秀的学习者，不是记得多，而是能调动所学的知识，并提出解决方案。这正是未来人才所要具备的跨学科整合能力。

### 4.5.1 DeepSeek 实操方案：四步实现"知识连接"

**第一步：梳理知识框架**

要帮助孩子跳出单一学科的思维，看见问题的多面性。DeepSeek 可以协助梳理出该主题可融合的学科维度，并简要说明各自能回答什么问题。

**输入指令示例：**

"请以'垃圾分类与环保'为主题，用小学阶段孩子的认知水平，梳理可能涉及的主要学科维度（如语文、数学、科学、历史等），并说明每个维度的关键内容。"

**DeepSeek输出示例：**

**语文维度**

练习写作：撰写《给校长的垃圾分类倡议书》（学习使用数据说明和用故事论证）。

创意表达：编写《塑料瓶的流浪日记》拟人故事（理解物品的生命周期）。

延伸学习：制作"环保成语卡"（如"变废为宝""物尽其用"）。

**数学维度**

数据统计：记录家庭一周垃圾产量饼状图（比较可回收垃圾和其他垃圾的占比）。

测量计算：估算全校午餐时产生的厨余垃圾（可用矿泉水瓶量化）。

模式识别：分析垃圾清运车路线图（寻找最优收集路径）。

**科学维度**

材料特性：实验对比塑料袋、纸袋、棉布袋的降解速度（埋土观察)。

制作思维导图:设计"垃圾漂流记"海报(展示垃圾进入海洋的流程)。

能源转化:参观垃圾焚烧发电厂(理解热能如何转化成电能)。

**历史维度**

时间轴:绘制"人类垃圾处理方式演变史"(从填埋垃圾到循环回收)。

文化对比:研究日本、德国垃圾分类制度的差异(理解政策与文化的关系)。

……………

这样,孩子可以多角度思考问题,搭建一个"认知网络"。

**第二步:构建探索地图,明确任务与路径**

有了主题和学科维度,接下来就要构建一个任务地图,让孩子知道从哪儿开始、如何推进。DeepSeek 可以协助孩子将探索过程拆分为可执行的步骤,每步包括:核心任务、推荐资源、所需工具和输出成果。

**输入指令示例:**

"请以'电动汽车的环保性'为主题,面向初中生设计一个多学科知识连接的学习任务地图，包含三至六步，每步说明所包含的学科。"

**DeepSeek输出示例：**

第一步：了解电动汽车的工作原理（物理＋化学）。

第二步：研究电池的制作方法与所需的矿业资源（地理＋化学）。

第三步：解码制造工厂（物理＋工程）。

第四步：设想环保道路上可能会出现的问题（政治＋经济）。

第五步：废旧电池的再利用（生物＋艺术）。

第六步：设计充电桩网络（信息技术＋工程）。

学习不再是"刷题→检查→得分"，而是"任务→思考→表达→产出"的创造过程。

**第三步：生成提示词工具箱，引导孩子深度思考**

在任务推进的过程中，孩子可能会遇到不知道问什么、不知道怎么搜索信息、不知道怎么整合资源的问题。这时，家长可以为孩子生成高质量提示词工具箱，协助孩子与DeepSeek更高效地互动。

**输入指令示例：**

"请围绕'关于减少海洋塑料污染的倡议书'为主题，生成

5~8个高质量提示词,帮助孩子进行深度思考。"

> **DeepSeek输出示例:**

1.列举3个海洋动物因塑料致伤的真实故事(获取情感共鸣)。

2.为什么塑料袋比香蕉皮更难消失(表明不同材料降解的时间不同)?

3.列出塑料微粒进入生物食物链的流程图(可视化塑料污染过程)。

4.把"请减少使用塑料"改成让同学们主动行动的5种说法(学习号召性表达)。

5.为倡议书设计一个动物代言人角色(拟人化创作)。

6.设计校园塑料侦探游戏:找出隐藏的5种一次性塑料(将倡议转化为可实践活动)。

7.用零食包装做手工,证明垃圾可以再利用(制作创意手工教程)。

这一步非常关键,它决定了孩子在探索过程中对DeepSeek的"使用深度"。

**第四步:成果展示与对话,将行动转化为可见的认知成长**

项目的最后,家长可以引导孩子输出成果,将认知转化为具体的表达,并通过家庭对话深化理解。

> **输入指令示例:**

"请为探索可再生能源设计一个家庭成果展示方案,形式有创意,适合在家庭中操作,并包含家长提问清单,引导孩子进行反思式对话。"

> **DeepSeek输出示例:**

家庭成果展示方案

主题:我家的小小能源革命

形式:能源游园会(每个房间代表一个能源站)

风能体验站(阳台、客厅)

展示作品:自制风力发电模型(用风扇吹动纸杯涡轮带动LED灯发亮)。

互动实验:比赛用A4纸设计风车(测试不同折法的抗压能力)。

家长提问:"你做的风车和真实风力发电机有哪些相似之处和不同之处?如果想让太阳能风车在阴天也能转动,我们可以增加什么装置?"

这样做的意义在于帮助孩子在表达中厘清逻辑;加深与家长的沟通交流,让孩子产生"我的学习是有价值的"认知。

### 4.5.2 常见误区与修正建议

误区一：变成"学科堆叠"，丧失整体性

建议：始终围绕一个问题，用不同的学科知识来解决问题。

误区二：孩子被动执行，家长全程主导

建议：让孩子自己决定探索路径，并从中生成问题、提出建议。

误区三：过于完美主义，项目难以持续

建议：强调过程，不求"完美产出"，而求"真实表达与保持好奇心"。

### 结语：带孩子看世界，从和 AI 对话开始

学习不仅是为了考试分数，还是为了拥有解读世界的能力、提出问题的勇气、寻找答案的行动力。当我们和孩子一起从兴趣出发，挖掘问题、整合多学科视角，搭建认知网络、借助 AI 协作，打破能力边界，那么，家庭将不再是学科训练营，而是连接孩子与世界的纽带。

DeepSeek 是帮助孩子思考的工具，是帮助孩子走得更远、看得更广、表达得更好的"知识同伴"。在 AI 时代，父母要带孩子看世界，而不仅仅是学知识。

## 4.6 如何用 DeepSeek 助你成为"规则构建者"

★ "你为什么又玩手机?"
★ "不是说好写完作业再看电视的吗?"
★ "我早说过了,你怎么又忘了?"

家长反复提醒孩子要遵守约定,但孩子却始终不听话。于是家长感到挫败:"我说了这么多,怎么还是没用?"孩子也开始反感:"你根本就不讲道理,只会骂人!"这背后,是一个被忽略的关键问题:如何建立科学、有效的家庭规则?孩子对家庭规则的理解力够吗?

想要让家庭规则真正发挥作用,必须让家庭规则从"管控工具"转向"成长辅助机制":

| 错误理解 | 正确理解 |
| --- | --- |
| 家庭规则是让孩子听话的手段 | 家庭规则是亲子共同生活、孩子高效学习的秩序指南 |
| 家庭规则是家长单方面决定的结果 | 家庭规则是家长与孩子协商的结果 |

续表

| 错误理解 | 正确理解 |
| --- | --- |
| 家庭规则是惩罚机制 | 家庭规则包含预期目标、纠错机制 |
| 家庭规则靠家长的压迫、吼叫执行 | 家庭规则靠结构、流程与监督机制执行 |

有效的家庭规则背后的三个底层逻辑：

★参与感：孩子亲自参与规则制定，才会有认同感。

★结构性：清晰、具体、有流程、有反馈。

★工具协同：用 DeepSeek 等工具协助家庭规则持续优化。

DeepSeek 不是"规则警察"，而是"规则共创师"——为家长协助梳理、设计、反馈、复盘家庭规则，从而让家庭规则不再是家长的"口头军令"，而是孩子的"成长契约"。

### 4.6.1 DeepSeek 实操方案：五步搭建"家庭规则体系"

第一步：识别高冲突场景，确定需要设定规则的核心领域

如果一下子制定十几条家庭规则，那么家庭规则只会变成空洞的口号。家长应聚焦亲子之间频繁起冲突的场景，作为家庭规则设计的优先切入口。

> 输入指令示例：

"请帮我识别 5 个家庭中常见的亲子冲突场景，适合用规则

来解决。"

> **DeepSeek输出示例:**

1. 电子设备使用时间

冲突点:孩子超时玩手机或平板,家长强行没收。

规则方案:"彩虹时间管理法":不同颜色卡片代表不同用途(蓝色=学习,绿色=娱乐),每天各色卡片的总时长固定,由孩子自主分配使用顺序。家长使用电子设备时间与孩子一致。

2. 作业拖延症

冲突点:孩子写作业磨蹭到深夜,家长不停催促。

规则方案:"番茄钟+自由银行":每25分钟专注作业可赚取一枚代币,代币可兑换自由时间(如3枚代币=30分钟游戏时间),拖延则扣除相应代币。家长也有相应做事拖延的惩罚。

············

选出1~2个家庭中最棘手的问题作为突破口,效果会更显著。

### 第二步:结构性提问,协助孩子共建规则草案

家庭规则不是"上对下"的命令,而应是亲子"并肩构建"的契约。父母可以让孩子主导制定一部分规则,借助DeepSeek生成高质量提问与思考。

**输入指令示例：**

"我家孩子总是玩手机忘了时间，请帮我设计亲子共建规则的结构性提问清单，引导孩子参与设计规则和承担结果。"

**DeepSeek输出示例：**

第一阶段：需求探索（理解彼此立场）

目标：让孩子感受到被尊重，而非被限制。

"你最喜欢用手机做的3件事是什么？（挖掘真实需求，发现深层动机）为什么它们对你很重要？"

第二阶段：规则共创（把限制变为游戏）

目标：将规则转化为孩子认可的"挑战任务"。

"如果给手机使用时间设定'能量格'（用游戏化语言替代手机使用时限，如1格=15分钟），你希望每天总量是多少格？"

第三阶段：承担结果（建立反馈机制）

目标：让孩子体验自主管理时间的成就感。

"我们怎么记录手机使用情况？（提供贴纸、APP或手账等工具）你愿意设计记录表吗？"

家庭规则的制定是一个复杂的过程，孩子在表达需求和提出想法的时候，其实是在熟悉规则、形成边界感，家长应与孩子共同遵守家庭规则，与孩子一起执行。

### 第三步：生成"家庭规则卡"

家庭规则一旦确定，家长需将其视觉化、具体化和正式化。家长可以借助 DeepSeek 生成"规则卡模板"，打印或手绘出来张贴在家中显眼的位置。

**输入指令示例：**

"我家的孩子上小学五年级，请帮我生成标准化《家庭规则卡》格式（适合打印），要求要有'孩子承诺区'+'家长承诺区'+'复盘空间'。"

**DeepSeek输出示例：**

家庭规则卡

主题：_____（如电子设备使用时间/作业管理）

生效日期：_____家庭成员签名：_____

孩子承诺区

我承诺做到：（由孩子填写）

每天手机使用不超过_____分钟（自定时长）。

完成作业后主动给家长检查。

整理书包前核对作业清单。

其他：_____。

我想要的奖励：（由孩子填写，需具体可行）

累积 3 天达标→_____。

全周达标→_____。

家长承诺区

我们承诺做到：（由家长填写）

提醒超过____次后就尊重孩子的选择。

每周至少有____次专属的亲子游戏时间。

不在孩子面前无故刷手机。

其他：_____。

特别权利授予：

孩子可申请____次/月的"规则暂停日"。

出现争议时可启动"家庭投票"。

……………

规则贴出来和签上名字后，孩子的执行力会更强。

**第四步：设置反馈机制，用数据和对话代替责备**

家庭规则不是设置完就立马有效，而是要靠"回顾—反馈—修正"的闭环机制支撑。DeepSeek 可以协助家庭成员每周进行规则回顾，让孩子自我评价，再由家长提供观察记录，形成双向反馈。

输入指令示例：

"请帮我设计一份一周家庭规则执行反馈表，适合小学阶段的孩子，内容简洁，包含孩子自评和家长评价两个部分。"

**DeepSeek输出示例：**

一周家庭规则执行反馈表

主题：＿＿＿＿＿＿＿＿＿

孩子姓名：＿＿＿＿＿＿

每日评分（★ ☑ － ×）

| 星期 | 孩子自评 | 家长评价 | 亮点记录 |
| --- | --- | --- | --- |
| 周一 | | | |
| 周二 | | | |
| 周三 | | | |
| 周四 | | | |
| 周五 | | | |
| 周六 | | | |
| 周日 | | | |

符号说明：

★＝超棒完成　☑＝达标　－＝部分完成　×＝有待改进

孩子只有在家长的不断引导下，才能成为决策者与自我管理者。

## 第五步：定期修订规则，形成"成长周期感"

没有一条规则是一劳永逸的。孩子在变，生活节奏也在变。家长每月可以看看哪些规则需要调整，哪些规则孩子坚持得好，可以适当给孩子一些奖励。

**输入指令示例：**

"请帮我设计一个家庭规则月度回顾会议流程模板，适合亲子共同参与，有温度、有仪式感。"

**DeepSeek输出示例：**

家庭规则月度回顾会议流程

1. 开始仪式（1分钟）

动作：家庭成员手叠手宣誓："我们是共同成长的××家庭，现在召开第____次家庭规则月度回顾会议。"

2. 发表意见（5分钟）

活动：家庭成员轮流发表改进意见。

用3个词描述重点。

3. 勋章时刻（10分钟）

制作勋章：孩子用彩笔绘制本月的成就奖状。

家长为孩子颁发奖状。

4. 真心树洞（12分钟）

匿名纸条：每人写一张感谢的纸条和一张希望怎么做的纸条，放入玻璃罐中，然后由家庭成员随机抽取朗读。

5. 未来合约（10分钟）

协商完成：从旧规则中选出3条保留、3条修改，再视情况新增几条。

家庭成员用印泥在规则表上捺手印。

展示：将规则表贴在墙上。

6. 结束仪式（8分钟）

活动：制作"进步蛋糕"（用饼干叠层，每层代表一个成就）。

家长可以让规则产生"复利效应"，让孩子在遵守规则后得到奖励，这样孩子会更愿意执行和优化规则。

## 4.6.2 设立家庭规则是为了更好地管理

DeepSeek可以帮助家长发现问题、拆解流程、生成提问、制作卡片、设置反馈机制；但它不能替代亲子间的沟通与倾听，保证规则有序执行。所以亲子间应温和、有效地沟通，共同优化规则设定机制。

**避免"父母一言堂"，建立科学决策机制**

在家庭教育中，许多冲突由于缺乏协商机制而爆发。例如：家长临时增加学习任务，孩子感到反感；家庭规则变来变去，孩子无所适从。借助 DeepSeek，家长可以建立"家庭协商会议模板"，共建家庭规则。

**输入指令示例：**

"请帮我生成一个适合小学高年级家庭使用的'家庭协商会议模板'，包含发言顺序、议题建议和规则制定。"

**DeepSeek输出示例：**

1. 发言顺序

孩子：本月我最骄傲的一个进步是_____。

家长：本月我最感动的一个孩子努力的瞬间是_____。

2. 议题建议（任选1~2项）

学科体检：哪门学科学起来轻松？哪门学科学起来吃力？

时间侦探：找出浪费时间最多的3个学习习惯。

情绪检测：说明本月学习情绪最低谷和最高峰的时刻。

3. 规则制定

用"如果……就……"句式写学习公约（如假如连续3天作业全对，就获得一次休息特权）。

制作责任转盘：把家务与其他特权绑定（如整理书房周末可晚睡30分钟）。

4. 未来计划

孩子主导：用关键词制定下月目标（如打破分数壁垒）。

家长支持：提供可选择的奖励（如博物馆门票、科学实验套装）。

5. 结束仪式

家庭成员总结此次会议的核心要点，并约定下次开会时间。

这样一来，孩子有发言权和参与感，父母有计划，规则就能在互动中诞生，孩子的执行力就会更强。

## 结语：让孩子在规则中成长，给予孩子充分的尊重

家庭规则不是一个严格的"管理表格"，它的核心不是限制孩子的行动，而是建立孩子的秩序感、共情力和责任意识。当家长把孩子视为规则的使用者，把 DeepSeek 变成规则构建的协同助手，那么家庭教育的本质就会发生转变：

★从"家长说了算"变成"家长与孩子一起商量"。

★从"你要听话"变成"按计划执行"。

★从"单方面的管控"变成"协商进行"。

在 DeepSeek 的协助下，孩子可以体会到我不是在"被要求"，而是在"被尊重"；我不是在"被规定"，而是在与父母"协商"。

## 4.7 如何用 DeepSeek 助你科学陪伴孩子成长

在很多家庭中，教育依然呈现一种"被动"反应模式，缺少一个"系统思维"的底层逻辑，结果就是反复内耗，效率低下。

而真正有远见的家庭，往往具备一个共同特征：家长在孩子的成长过程中构建了一个"智慧家庭成长系统"。这个系统不是复杂的流程，而是一个协同机制＋亲子共建＋目标地图＋工具辅助的组合——它既像一个陪伴教练，也像一个导航地图。

在 AI 时代，DeepSeek 作为家庭教育的"协同工具"，正帮助越来越多的家长提高系统解决问题的能力。

### 4.7.1 什么是"智慧家庭成长系统"？

所谓"智慧家庭成长系统"，具备以下四个核心特征：

**目标清晰**

家庭教育不再只是围绕孩子的考试成绩转，而是根据孩子的兴趣、能力、性格构建个性化的成长路径。

**工具协同**

借助 DeepSeek 等 AI 助手进行学习任务分解、时间管理、主题探索，减轻家长负担，让协同更高效。

**规则运行**

通过设定家庭规则、任务清单、情绪复盘机制，稳定亲子情绪，避免冲突矛盾。

**缓和关系**

亲子关系不再是"布置任务—孩子执行—家长检查"，而是深入交流＋共同进步的有效沟通。

## 4.7.2　DeepSeek 助力家长构建"智慧家庭成长系统"

让我们看看 DeepSeek 在构建"智慧家庭成长系统"中起到什么核心作用：

**任务分解引擎：把模糊目标变成可执行计划**

许多家长会说："我想要让孩子在学业上有进步，但不知道具体怎么做。"

比如，家长的目标是"提高孩子的语文成绩"，怎么执行？是多读书、多练作文，还是多理解文言文？这时，家长可以借助 DeepSeek 对孩子的学习任务进行分解。

**输入指令示例：**

"请你帮我将'提高语文成绩'这个目标拆解为可执行的子任务，涵盖阅读、写作、基础知识和练习计划。"

**DeepSeek输出示例：**

一、提高阅读能力

1. 精读训练

每日朗读一篇短文（300字左右），用荧光笔标出好词好句。

每周完成一次阅读任务，分析人物性格和作者写作意图。

2. 泛读积累

每天课外阅读时间大于20分钟，记录书名、作者、故事梗概和阅读感悟。

每月制作一张好书推荐卡，写明推荐理由。

二、突破写作能力

1. 写作练习

每日写50字的生活速记，观察窗外景色或描述日常小事。

每周完成一篇三段式作文，包括开头、事件、感悟。

2. 写作工具箱

建立素材库，按人物、景物、事件分类，收集素材。

每月5次病句诊断，修改作文中的错误句子。

### 三、巩固基础知识

1. 学习字词

每日听写 10 个课本生词，将错词抄写在错词本上。

每周制作一张"形近字对比表"（如"躁、燥、噪"）。

2. 积累古诗文

每周背诵一首古诗＋绘制"诗意画"。

每周用文言文写一篇日记（如"今日天寒，吾加衣"）。

### 四、规划练习节奏

1. 每日必做

晨间（10 分钟）：朗读课文＋背诵古诗。

晚间（15 分钟）：字词听写＋生活速记。

2. 周期任务

每周完成一套单元测试卷（重点练习阅读理解）。

每月整理一次错题（分析错题类型）。

---

这些内容不仅可以契合孩子的学习进度，还能根据年龄调整，让家长从"零散式安排"变成"有计划的高效行动"。

**协同学习脚本设计师：打造"孩子＋父母＋AI"的联动学习场景**

很多家庭的学习场景是单向度的：父母教，孩子学。而现在，借助 DeepSeek，家长可以构建亲子"共学任务"。

> 输入指令示例：

"请帮我设计一个亲子共同完成的跨学科项目，以'中国古代科技'为主题，适合小学生，包含任务分工、资源推荐和成果展示等内容。"

> DeepSeek输出示例：

| 扮演角色 | 孩子任务 | 家长任务 |
| --- | --- | --- |
| 历史学家 | 收集北宋科技成就故事 | 为孩子提供《天工开物》少儿版电子资源 |
| 工程师 | 用纸板或齿轮玩具搭建简易转动结构 | 协助孩子使用热熔胶枪等工具 |
| 数学家 | 计算24等分刻度盘 | 引导孩子理解圆周率概念 |
| 艺术家 | 绘制星图装饰物 | 为孩子准备荧光颜料或用UV灯营造星空效果 |
| 解说员 | 撰写解说稿并练习讲解 | 为孩子录制演示视频 |

这样一来，孩子不再是孤军奋战，父母也不再是命令者，双方都是参与者，一起完成任务。

**成长数据记录员：构建可追踪的"家庭学习成长档案"**

很多家长会说："我觉得孩子成长了，可惜忘了记录。"DeepSeek可以协助家长记录与追踪孩子的成长过程，比如记录孩子的解题成功率和任务完成率。

这些数据可以定期汇总孩子的学习情况,为家长生成月报,让家长了解孩子的每一次进步。

> 输入指令示例:

"请根据我输入的学习日志(孩子的具体学习表现),生成一份'学习成长月报',包括重点成果、孩子的情绪表现和后续建议。"

> DeepSeek输出示例:

学习成长月报

时间:_____

孩子姓名:_____

1. 重点成果

学科进步

语文:孩子的文言文阅读能力显著提高,能够理解常见实词、虚词的含义,并能独立翻译简单的文言文段落。

数学:孩子的公式记忆力有所增强,能够熟练运用所学公式解题,提高计算的准确率。

英语:孩子的词汇量明显增加,能正确拼写和使用新学的单词。在阅读和听力练习中,孩子能对关键词进行捕捉。

2.孩子的情绪表现

学习语文时情绪良好：对文言文和古诗词表现出浓厚兴趣，学习时积极主动，自信心较强。

学习英语时态度认真：愿意尝试记忆新单词，并在练习中运用，成就感较高。

学习数学时情绪不佳：面对复杂题目或长时间计算时容易烦躁，偶尔出现畏难情绪。

3.后续建议

**优化学习方法**

数学：采用"分段练习法"，避免长时间做题导致疲劳，每20分钟休息一次。

语文：继续保持文言文阅读训练，可适当增加历史故事类文言文，提高学习趣味性。

英语：可尝试看英文动画或短篇故事，在语境中学习新单词。

**心理调节建议**

当孩子学习数学情绪低落时，可先暂停，转换到轻松的话题上，待孩子的情绪平复后再继续，家长可多给予孩子正向反馈。

## 4.7.3 从"家庭小组"变成"成长共同体":智慧家庭成长系统的四大结构性建议

以下是一个典型的"智慧家庭成长系统"的架构参考,家长可以根据自身情况调整:

| 维度 | 核心机制 | 工具支持(可借助DeepSeek) |
|---|---|---|
| 学习目标系统 | 每季度设定成长目标+子任务分解 | 目标—任务拆解模板 |
| 家庭规则系统 | 设定可协商、可调整的行为规范 | 家庭规则共建引导提示词 |
| 情感沟通系统 | 建立情绪复盘与共情回应机制 | 情绪反思脚本+亲子对话引导 |
| 成果记录系统 | 存档关键成果+周期性输出报告 | 建立成长档案+生成成长月报 |

家长只要推动成长节奏"微循环",不断优化、反思、迭代,智慧家庭成长系统就能变得越来越完善。

### 结语:长期主义才是智慧育儿的"隐藏能力"

真正有效的家庭教育,需要家长长期投入和持续优化反馈结果。DeepSeek可以让家长用更低的教育投入、更高的协作效率、更清晰的成长路径,持续引导孩子。成长像是一场马拉松跑步,有清晰的系统作支撑,有家庭成员共同参与,孩子才可以跑得更稳、更远。

## 4.8 当 DeepSeek 比你更耐心,你的陪伴还有何价值

有些家长在体验了 DeepSeek 作为学习助手后,产生了一种复杂的情绪。DeepSeek 不会因为孩子的问题简单而不耐烦;不会因为孩子作业写得慢而动怒;不会在深夜陪孩子写作业时焦头烂额。它可以 24 小时在线,是一个超级耐心的"AI 教师+学习陪伴者"。那么,父母的陪伴还有什么价值呢?

### 4.8.1 "AI 将取代家长"的恐惧,是一种误解

在传统家庭教育中,很多父母充当着"半个老师"的角色:当孩子学习遇到问题时为孩子解答。这也是为什么过去十年里,陪写作业成了中国家庭最常见的情绪爆发点——家长既要情绪稳定,又要懂知识,还要会教孩子,对家长的要求很高。但现在,这些环节大部分已可以由 DeepSeek 承担。

| 工作内容 | 家长完成效果 | DeepSeek 协同完成效果 |
|---|---|---|
| 错题讲解 | 易情绪失控 | 可反复讲解 |

续表

| 工作内容 | 家长完成效果 | DeepSeek 协同完成效果 |
|---|---|---|
| 写作指导 | 故事素材有限 | 可以辅导各类文体写作，素材多 |
| 数学练习 | 难题部分讲解吃力 | 精准生成解题步骤 |
| 制订计划 | 主观性较强 | 结构化输出模板 |

AI 不是让父母失去作用，而是推动父母重新定义陪伴的边界——从"解决问题者"转变为"赋能成长者"；从"教授知识"转向"引导学习"。

### 4.8.2　AI 时代亲子陪伴的四个价值转型

**从"辅导者"变成"见证者"**

过去家长陪伴孩子学习是"孩子学，家长看""孩子不会家长教"。但在 AI 时代，"孩子学，AI 教"，家长不再是单纯的讲解者，而是孩子努力的见证者。

家长是否愿意陪在孩子身边，是否愿意见证孩子一次次的尝试，是否愿意陪孩子走过低谷，对孩子来说至关重要。家长提供的情绪和情感依靠，是 AI 无法取代的。

**从"控制者"变为"共学者"**

过去，父母害怕孩子问出无法回答的问题，但现在，DeepSeek 可以即时解答问题，父母可以和孩子一起问 DeepSeek。

这种"共学状态"带来的是平等和共同成长的氛围，对孩子来说远比"父母总在讲大道理"更能激发他们对父母的信任。

### 从"机械式陪伴"到"高质量辅导"

家长也许会问:"我还要不要陪孩子写作业?"答案不是"要不要",而是"怎么陪"。在 DeepSeek 的协助下,孩子的作业不用家长时刻盯着,家长的时间被释放出来,家长可以关心孩子的情绪和健康状况,辅导他们如何解决问题、如何做决定。

### 从"我告诉你怎么做"到"我也愿意学"

DeepSeek 可以训练孩子的逻辑思维、训练孩子如何掌握知识点,但它无法训练父母成长。亲子教育不是孩子一个人的事情,父母也要一同学习和改变。比如:如果孩子用 DeepSeek 练习英语写作,父母也可以一起练习。这种示范性学习,会让孩子明白学习不是被要求的任务,而是终身的事。

**案例故事**

林先生曾经是典型的"虎爸",每天晚上陪孩子写作业,边催边讲,常常忍不住发火。但自从孩子开始用 DeepSeek 辅助写作文,他不再需要细致地讲解写作思路,孩子的写作能力反而进步飞快。

于是他开始在孩子睡前讲自己小时候关于学习的故事,没想到拉近了和孩子的关系,让孩子不再惧怕他。

### 结语：AI 虽然很有耐心，但只有父母能拥抱孩子

DeepSeek 和其他 AI 工具虽然可以完成越来越多的教学任务，也在很多方面比我们更博学，但 AI 不能替代父母爱孩子。AI 可以讲解数学题，却看不到孩子脸上落寞的表情；AI 可以生成多种写作方案，却无法替代父母的拥抱。

所以，父母不用担心被 AI 轻易取代，因为亲子间的情感纽带与日常互动蕴含着人性温度。家庭教育重在对孩子人格的塑造，而这一点，只有父母的言传身教能够做到。

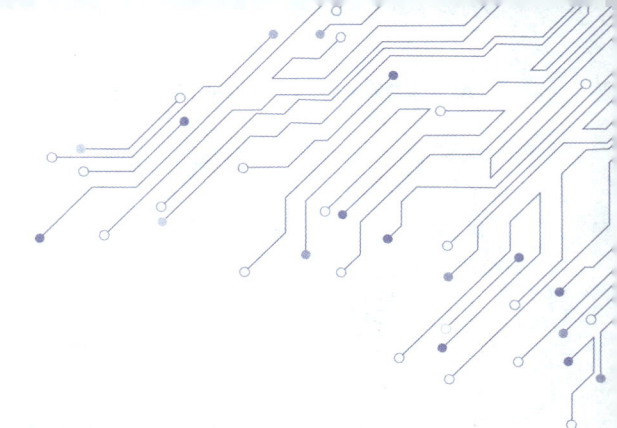

# 第5章

## 未来的教育与育儿

## 5.1　AI 工具有望成为未来家庭教育的基础

家长在使用 DeepSeek 后会逐渐意识到：这不是一个简单的"学习助手"，而是家庭教育系统的"基础设施"。

★它不仅提供知识，还构建认知。

★它不仅分解任务，还提供建议。

★它不仅辅助沟通，还重塑亲子关系。

DeepSeek 的出现，标志着一个重要的转折点：家庭教育正在从"经验为主"走向"智能协同"；从"人为驱动"走向"系统支撑"。未来，谁拥有了 AI 协作能力，谁就拥有了教育主动权。

### 5.1.1　DeepSeek 正在成为未来家庭教育的重要一环

在家庭教育中，DeepSeek 已能深度融入。我们可以从以下三个层面来理解 DeepSeek 为何会成为未来家庭教育的重要一环。

**理念上的转变器：从父母主导到人机协作**

传统家庭教育的方式来自父母的经验与判断，但经验不可迁移、判断容易失误。DeepSeek 的引入，使家庭教育的主导方式发生了很大的转变，AI 将成为家庭新成员。

| 教育任务 | 传统模式 | DeepSeek 模式 |
|---|---|---|
| 目标设定 | 家长凭经验判断 | 生成个性化目标方案 |
| 学习规划 | 家长额外购买辅导资料 | 构建个性化学习路径 |
| 习惯养成 | 家长督促孩子学习 | 分析孩子的专注力曲线和兴趣点 |
| 兴趣探索 | 家长为孩子选择兴趣班 | 分析孩子的行为偏好和潜在优势 |

**实践中的助推器：从被动反应到系统指导**

DeepSeek 可以协助家庭完成"教育系统化"的三重任务：

创建目标系统，生成"成长目标+学习路径规划"：

> 提示词："请帮我设计一个适合五年级孩子的'阅读成长路径图'，包含阶段目标、书单和学习任务。"

创建任务系统，将学习目标拆解为任务表：

> 提示词："请帮我根据六年级的数学课程内容，制定一个为期一个月的每日学习任务清单，适合偏拖延型的学生。"

创建追踪系统，记录孩子的学习表现、情绪状态和成长成果，周期性输出"成长报告"：

> 提示词："我将输入孩子最近一周的学习表现，请帮我生成

一份成长报告,标出亮点与改进项。"

有了这些协同机制,家庭教育会变得更科学,孩子的成长环境会变得更好。

**关系上的润滑剂:从监督关系到协作关系**

许多家庭教育的困境,根源并不在于孩子不努力学习,而在于家长与孩子之间缺乏高效的对话。

DeepSeek 可以为亲子沟通注入新元素:

中立的第三方:当孩子对父母有抵触情绪时,DeepSeek 可以引导对话、提供情绪复盘。

协同任务平台:设计"亲子共学""家庭探索项目",把学习变成合作。

在 DeepSeek 的支持下,父母将从"批评者"变为"伙伴",孩子将从"任务执行者"变为"高效学习者"。

## 5.1.2 DeepSeek 改变家庭教育的五大功能

如果我们把未来家庭教育比作一个智能操作系统,那么 DeepSeek 就是系统中的关键模块:

| 模块 | 具体功能 | DeepSeek 在家庭教育中的作用 |
|---|---|---|
| 认知辅助 | 讲解知识、解析难题、分析错因 | 快速搜索、提高学习效率 |

续表

| 模块 | 具体功能 | DeepSeek 在家庭教育中的作用 |
|---|---|---|
| 学习导航 | 拆解目标、规划路径 | 让目标更清晰,让计划更科学 |
| 时间调度 | 科学管理、拆分任务 | 防止孩子拖延或过劳学习 |
| 输出驱动 | 写作锻炼、口头表达 | 形成输出模式,提高表达能力 |
| 沟通引导 | 调节情绪、共建家庭规则 | 缓解冲突、增进感情 |

这些功能不是一时的,而是长期的,它们构成了家庭教育的基础。

## 5.1.3 如何打造基于 DeepSeek 的家庭教育底层结构?

**第一步:明确家庭教育目标结构**

用 DeepSeek 制定孩子的长期成长方向:

"请根据孩子的兴趣(如绘画、写作)、性格(如内向)、年级(如小学五年级)等,帮我制定一个为期三年的成长蓝图。"

**第二步:创建家庭共学制度**

用 DeepSeek 设计"家长—孩子"的共学任务:

"请帮我设计一个'家长与孩子每周共学一次的跨学科项目',适合初中阶段的孩子,涵盖科学、历史和语文。"

这样可以避免孩子在学习时敷衍了事,从而建立自主学习的机制。

### 第三步:明确运行规则与成长节奏

用 DeepSeek 辅助家长制定制度规范,合理安排孩子的学习时间:

> "请帮我生成一个家庭规则制定模板,包括孩子参与表达的环节,并合理安排学习和休息的时间。"

### 第四步:搭建成果追踪与反馈体系

用 DeepSeek 记录与总结孩子的成长变化:

> "我每周会输入孩子完成的关键学习成果,请帮我生成一份'成长成果记录册',便于对比。"

## 结语:DeepSeek 能最大限度辅助家庭教育

DeepSeek 能让父母从焦虑中解放出来,回归理解者、陪伴者的本位;让孩子爱上学习,健康成长,成为学习与成长的主导者。未来的家庭教育不再是"一个人扛起所有",而是 AI 与家庭系统的共同运行。

## 5.2 父母的焦虑与成长

有时候,家庭教育中的焦虑来自父母对未来不确定性的恐惧,来自他们无法用确定性的方式支撑孩子成长的担忧。而在 DeepSeek 时代,教育逻辑发生了变化:父母不应强迫孩子学习,而应转变自己的思想。

### 5.2.1 DeepSeek 时代需重启"父母成长计划"

DeepSeek 不只是帮助孩子学习的工具,它更深刻的意义在于:重新定义了"教育者"角色的能力边界。

DeepSeek 可以承接很多内容型、计划型的工作,对父母提出了新的要求:

| 传统父母的任务 | DeepSeek 可替代部分 | 父母能力新要求 |
|---|---|---|
| 查资料、讲知识 | DeepSeek 能即时输出、精准辅导 | 提出好问题的能力 |
| 安排学习计划、管理学习时间 | DeepSeek 能辅助制定学习节奏 | 协作与调整学习节奏的能力 |

续表

| 传统父母的任务 | DeepSeek 可替代部分 | 父母能力新要求 |
|---|---|---|
| 制定规则、讲道理 | DeepSeek 能生成对话模板 | 情绪承接与理性引导 |

也就是说,父母不能只停留在"知识型管理者"的层面上,而要转变为"关系型成长教练"。

### 5.2.2 父母如何转变思维?三种成长路径拆解

**从"控制型父母"到"理解型父母"**

控制型父母习惯把孩子的人生当成"项目",用严格流程来规范明确目标。但 DeepSeek 时代的环境已发生变化:

★知识不是稀缺的,搜索引擎和 AI 能即时提供信息。

★技能不是静态的,跨学科整合与动态迁移才是竞争核心。

★职业不是稳定的,市场变化快,对个人能力提出了更高的要求。

这要求父母从"提供答案"转向"创造路径",父母不再是孩子唯一的引路人。

> **输入指令示例:**
>
> "请帮我多维度地分析当孩子遇到问题时,父母可以提供哪些帮助?"

**DeepSeek输出示例:**

1. 情感支持

倾听与共情:接纳孩子的情绪,不急于评判事情的对错。

建立安全感:明确表达对孩子的支持。

2. 认知引导

分析问题:帮助孩子拆解问题。

多角度思考:引导孩子换位思考或设想不同的解决方案。

3. 技能培养

独立解决问题:鼓励孩子尝试自己解决问题。

资源利用:教孩子思考如何借助外部资源来解决问题。

4. 行为示范

树立榜样:通过自身行为展示如何应对困难。

反思总结:解决问题后,与孩子一起总结问题,积累经验。

### 从"情绪焦虑者"到"情绪锚定者"

在过去的家庭教育中,父母容易情绪化,而AI不会焦虑,它稳定输出、耐心温和。父母要在AI面前重新找到自己的情绪价值——成为孩子情绪的锚点,才能让孩子敢于表达内心的真实想法。

行动建议:每晚亲子情绪复盘5分钟。

> 输入指令示例：

"请帮我生成一个适合晚上和孩子一起进行的探讨情绪的对话模板。"

> DeepSeek输出示例：

家长："宝贝，你觉得消极情绪对我们有哪些影响？你会如何处理消极情绪？"

孩子："嗯……消极情绪会让我很不开心，写作业时会静不下心来，还容易乱发脾气。"

家长："没错，当你感到低落、难过或烦躁的时候，你会怎么做？"

孩子："我会告诉我的好朋友，或者告诉你们，如果还不能缓解情绪的话，我会去做一些喜欢做的事。"

家长："很棒，你知道寻求帮助和调节情绪，下次再有情绪问题，你还可以试着写日记，把心里的话发泄出来。"

孩子："好的。"

家长可以建立"情绪笔记"，记录孩子情绪的触发点、回避点以及焦虑的原因。

每月进行一次"家庭成员情绪状态体检"，用 DeepSeek 协助记录并总结。

### 从"发布任务者"到"示范引领者"

孩子会模仿父母对待学习的态度、处理问题的能力以及生活的习惯。父母在家里是否学习、遇到困难是逃避还是解决、有没有目标管理能力与计划,等等,这些都决定了孩子能否形成持续的成长力、能否自己解决问题。

行动建议:父母与孩子每周一起制定学习和生活目标,一起进行反思。

**输入指令示例:**

"请帮我生成一个为期一周的家长和孩子待办事项清单,列举可做的事情。"

**DeepSeek输出示例:**

周一

孩子:阅读30分钟。

家长:学习工作上的新技能。

周二

孩子:整理书包。

家长:健身30分钟。

周三

孩子:画画。

家长：整理家庭开支账单。

周四

孩子：户外运动 30 分钟。

家长：尝试学做新菜。

周五

孩子：打扫房间。

家长：给植物浇水或给宠物喂食。

周六

孩子：观看科普视频。

家长：整理孩子近期作业的薄弱点。

周日

孩子：制作学习思维导图。

家长：学习儿童心理学知识。

### 5.2.3　AI 时代，家庭教育的新变化

好的家庭教育，需要父母与孩子一起配合，父母需要改变权威的姿态，以"学习者"的身份参与孩子探索世界的过程，孩子则需要紧跟父母的步伐，一步步实现目标。

只有父母提高自身的认知能力，孩子才会成长为更好的孩子。

**结语：孩子成长是父母最好的"镜像计划"**

我们不妨把DeepSeek看成一面镜子：它让你看到孩子真实的模样，而非你期待的模样；它让你看到自己的不足，而不光是孩子的问题；它让你看到教育可以更科学，只要你坚持下去。

孩子在不断成长，父母也应该如此。

## 5.3 未来职业正在重构：教育应该跟谁走

许多家庭教育中父母的焦虑实际上都源自一个根本性的问题：不知道孩子长大以后能做什么，也不知道孩子现在学的知识是否对未来有用。

传统教育模式的逻辑是好成绩→好学校→好工作→好生活。这是一条"高分＝高回报"的线性路径。但今天，这条路径正在被现实打破。

教育应该跟谁走？面对职业重构的浪潮，我们要主动出击，寻找更多的可能性。

### 5.3.1 未来职业的四大重构趋势

在探讨"教育应该跟谁走?"之前,我们可以先看看职业在发生哪些变化,AI 时代正在重塑未来职业的四大核心特征。

**技术普及:AI 重新定义知识技能门槛**

DeepSeek 的出现,使资料查找、报告撰写、数据初步分析等任务,非专业人士也能完成;技术型岗位中大量的"中低熟练工"将被边缘化;拥有"独立思考、整合创新"能力的人更具不可替代性。这意味着,孩子要学会用 AI 解决问题,提高综合能力。

**边界模糊:跨界融合成为主流**

医学 +AI →智能诊断系统。

教育 + 心理学 +AI →自适应学习平台。

艺术 +AI →生成式艺术创作。

未来不是"学一个专业干一份工作",而是多个领域叠加,输出综合知识。教育不再是单一学科成绩的比拼,而是对孩子系统思维、跨学科整合能力的全面要求。

**路径多元:职业生涯不再呈单一线性**

你或许听过这些趋势:一人多职——白天在公司上班,晚上做自媒体或接自由项目;组合式工作——上班 + 投资 + 内容变现;项目制生涯——按项目更新角色,而不是靠职位升迁。孩子未来的工作会多领域发展，教育者的使命应从"模式化培养考生"变成"创意性培养人才"。

**价值迭代：意义感比薪资更重要**

目前，许多新一代青年的求职观已发生了变化：追求价值感、认同感、看重工作与兴趣的匹配度、重视心理健康与自我成长。

教育者不能只教会孩子学知识，也要帮助孩子探索"未来我想做什么""我能创造什么"的问题。

### 5.3.2 我们应如何培养新时代的孩子？

当未来职业已重构，而教育模式还停留在原地时，就会造成孩子的"认知断层"：

| 传统教育逻辑 | 未来职业需求 | 孩子面临的风险 |
| --- | --- | --- |
| 标准答案导向 | 多元解法与创新输出 | 缺乏解决问题的开放性思维 |
| 孤岛式学习方法 | 跨学科整合与实践能力 | 缺乏举一反三、理解复杂系统的能力 |
| "老师教，学生学"的灌输方式 | 主动学习、终身学习、AI协同学习 | 容易丧失内驱力与成长主动性 |
| 追求成绩排名 | 更看重能力与作品 | 缺乏深度价值输出 |

这种教育与现实的错位，正是父母焦虑的根源。有时我们努力让孩子赢在起点，却忘了这场比赛已经换了赛道。

### 5.3.3 从"分数型"教育转向"能力型 + 兴趣型"教育

随着未来职业的变化,教育也应该跟着改变。AI时代,家庭教育的新方向是让孩子拥有构建真实世界的能力,而非只在书本里钻研。

我们可以从以下三条路径构建教育新方向:

**从"应试教育学习"转向"问题驱动式学习"**

输入指令示例:

"如何通过设计小程序来解决校园垃圾分类问题?"

"如何结合历史与技术讲述人工智能发展史?"

"如何设计亲子共游城市路线图,包含地理、预算和交通方式?"

**从"统一标准"转向"多元发展"**

每个孩子都是独一无二的,未来社会会比任何时代都更需要多元化的角色,如技术开发者、故事创作者、组织动员者、个性化服务者等。未来的世界,不是单一赛道的竞速,而是多元的发展。

输入指令示例:

"请基于孩子的性格与兴趣,帮我设计一个差异化能力发展规划,拓展孩子的能力。"

从"封闭式学习"转向"协同学习"

AI 不是替孩子写作业的工具,而是他们未来工作的伙伴。因此,孩子必须掌握和 AI 合作的方法,如提出有深度的问题、输入准确的提示词、判断 AI 输出的内容是否正确,等等。

输入指令示例:

"请为孩子设计一个 AI 协作训练营任务,内容包括如何筛选信息、如何生成任务指令和如何判断信息正误。"

### 5.3.4 父母要成为孩子未来职业的引导者

未来社会的职业路径更多元、节奏更灵活,也更复杂。父母应改变传统的应试教育的思维,成为孩子探索未来职业的支持者、合作者。父母可以这样做:

和孩子一起用 DeepSeek 探索未来职业地图:

输入指令示例:

"请帮我生成一份 2035 年新兴职业清单,包括所需能力、相关学科和推荐学习资源。"

和孩子共同制定"职业角色模拟项目":

> 输入指令示例:

"假如你是城市规划师或游戏策划人或 AI 伦理顾问,你会怎么开展工作?"

父母要鼓励孩子将兴趣变成习惯,将喜欢的事转化为自己的优势。DeepSeek 可以辅助孩子生成项目清单、形成阶段反馈、主动复盘问题……而父母能做的是给孩子做出选择的能力。

### 结语:未来教育的方向,来自对未来职业的理解

未来职业不是遥远的幻想,而是今天的孩子即将面对的问题。如果父母仍旧用"分数—学历—职业"这套模式来引导孩子,就如同用旧的系统来处理新的文件。真正的教育,应是父母勇敢面对现实,与孩子一起研究属于孩子的成长规划。

只要父母与孩子共闯、共学、共成长,孩子就能找到擅长的事,就能对未来多点信心。

## 5.4 如何使用 DeepSeek 引导正确的价值观倾向

在 DeepSeek 等 AI 工具越来越深入家庭教育实践的过程中,新的问题也在发生:AI 是否带有价值观倾向?看似中立的答案背后,是否隐藏着需要警惕的内容?

AI 生成的信息会呈现某种偏好,尤其是在亲子沟通、情感引导、伦理判断、写作表达等涉及观念的场景中,AI 的回应方式会在潜移默化中影响孩子的思维。

父母应该正确引导孩子和 AI 互动,成为家庭教育的把关人。

### 5.4.1 弄清 AI 的价值观倾向从何而来

DeepSeek 的内容生成方式会在以下几个方面表现出价值观倾向:

**数据来源的偏好**

AI 的训练数据主要来自互联网的公开语料,这些语料大多源于"高曝光、高共识"的主流观点,这些观点有时比较扁平,缺少多元表达。

**使用者的提问方式**

AI怎么回答，取决于使用者怎么提问。不同的提问方式，会使AI的表达倾向有所不同：

> "帮我写一篇鼓励孩子多读书的文章"vs"请写一篇质疑教育系统的批判性短文。"
>
> "你认为孩子应该无条件服从父母吗？"vs"如何在亲子中建立平等沟通？"

提问的方式决定了内容的输出，这是AI价值观塑造的关键所在。

### 5.4.2 孩子在无意识模仿中吸收AI价值观的三种方式

**表达习惯被同化**

AI的输出风格会影响孩子的表达习惯，孩子在频繁使用AI后，可能会失去语言的独特性，表达时常使用AI给出的套话。

**决策依赖性增强**

孩子在AI的帮助下快速获得答案，可能会弱化信息判断能力，缺乏深度思考，容易形成认知依赖。

**情绪表达趋向"工具理性"**

AI对情绪的处理偏"功能型建议"，孩子的真实情感认知容易被削弱，在表达时容易缺少感性内容。

## 5.4.3　家长应教孩子正确使用 AI

家长应引导孩子学会思辨判断、表达主张。以下是三个维度的关键引导策略：

**亲子共读共评，让孩子练习"观点辨识力"**

举个例子，当孩子让 AI 生成一篇议论文："学习成绩是衡量学生能力的标准吗？"

家长可以和孩子一起逐段阅读，分析 AI 用了哪些论据来支撑观点？有没有立场偏向？是否忽略了其他方面的内容？

家长还可以让孩子尝试反驳 AI，提出自己的意见。最后，家长可提出问题："如果你是老师，你会怎么对待学习成绩不好的学生？"

> **输入指令示例：**
>
> "请生成一篇'学习成绩是否能衡量学生能力'的议论文，表明观点，提出论据。"

> **DeepSeek输出示例：**
>
> **学习成绩是否能衡量学生能力**
>
> 学习成绩常被视为衡量学生能力的重要标准，但其是否能全面反映学生的真实水平，值得深入探讨。

**支持观点：学习成绩是衡量学生能力的标准**

首先，学习成绩能反映学生对知识的掌握程度，考试内容通常涵盖核心知识点，得高分者往往具备较强的理解力和记忆力；其次，学习成绩能体现学生的学习态度和自律性，想要持续得高分需要学生长期的努力和专注。例如，高考成绩被大众广泛认可，正是因为其公平性和标准化。

**反对观点：学习成绩无法全面衡量学生能力**

然而，学习成绩仅能评估学生的学术能力，而忽略其他重要素质，如创造力、沟通力和实践技能。许多成功人士学生时代成绩平平，却在职场中表现出色。此外，应试教育的弊端可能导致学生死记硬背，缺乏批判性思维。

**结论：学习成绩是衡量学生能力的参考而非唯一标准**

综上所述，学习成绩虽能部分反映学生的能力，但并非唯一标准。教育应兼顾多元评价体系，关注学生的综合发展，而非仅以分数定优劣。

---

这样的训练，比让孩子直接接受 AI 的答案更有价值，可以让孩子多角度思考，辩证地看待问题。

### 亲子使用 AI 时应聚焦价值澄清，而非答案对错

家长可以使用以下句式向孩子提问：

★"你觉得它说得有道理吗？你最认同它说的哪种观点？"

★ "如果你来重新写一遍，你会加上什么内容？"

★ "它为什么没有提到某些部分？你觉得可能有哪些原因？"

这样，孩子在使用 AI 的过程中，能进行内容判断，有助于孩子成长为有主见的人。

**家长应教孩子养成主动思辨的习惯**

家长要教孩子：

★提问时先思考："我希望它表达的内容包括哪些角度？"

★辩证看待问题，练习换角度思考问题的能力。

★鼓励孩子设计"多版本提问"，对比 AI 生成的内容。

实操任务设计：

家长可以给孩子布置练习任务，如"请围绕'内卷'的主题，设计三个不同立场的问题，回答并分析差异"或"请分别从父母、老师、学生的角度分析'如何看待升学焦虑'的问题"。

这类练习能极大提高孩子的独立思考能力。

## 5.4.4　DeepSeek 应成为"价值共建"的对话平台

DeepSeek 可以成为家庭中讨论、思辨、达成共识的内容提供者。家长要做的是：

★引导孩子在与 AI 互动中构建属于自己的价值判断体系。

★鼓励孩子将 AI 当成"信息源"而非"判断者"。

★引导孩子在每次提问后思考:"这个答案是正确的吗?"

## 结语:教育的目的是让孩子拥有选择的能力

在未来的世界中,信息会越来越多,获取答案的速度会越来越快,孩子应学会深度思考,不被信息洪流裹挟。

DeepSeek 提供了极大的便利,同时也带来了"思维同质化"的隐忧。作为父母,我们不能只是会使用工具,还应该做到:

★教会孩子区分不同价值观的内容。

★引导孩子从提问中认识自己。

只有这样,孩子才能通过科学的引导和系统的训练用好 AI、用对 AI,将 AI 打造成适宜的辅助工具,发挥其最大价值。

## 5.5 如何制定"家庭 DeepSeek 使用公约"

当 AI 工具走进家庭教育,它既像一本"百科全书",又像一位"私人家教"。尤其是像 DeepSeek 这样的多功能 AI 助手,已经在许多家庭中承担起写作辅助、学科讲解等任务。

然而,在没有使用规范的前提下,孩子可能会误用 AI 生成不当内容，这些内容会影响孩子的身心发展。

这正是我们要设立"家庭 DeepSeek 使用公约"的原因：

★防止不当内容生成，确保内容健康合规。

★培养孩子正确操作的能力。

★促进家庭成员提高数字素养，形成健康的数字使用习惯。

就像我们会制定作业时间安排表一样，使用 AI 也应该制定规则。

## 5.5.1　设立使用公约前，要先厘清核心问题

制定一份科学、有效、孩子愿意共同遵守的 AI 使用公约，家长应做到：

**理性看待 AI**

AI 的崛起是人类智慧的延伸，而非替代。理想中的 AI 应该与人类合作，在数据处理方面解放人力，将价值判断留给人类。

**把制定规则当作"共创过程"**

"家庭 DeepSeek 使用公约"要亲子一起参与设计，孩子才会真正有认同感。家长要有接受孩子对规则提出异议的能力，这是一次重要的实践机会，参与感决定遵守度。

### 以"能力培养"为目标

亲子使用 AI 的目的是促成孩子学习能力的提高。每一次与 DeepSeek 互动,都是一次提问、选择、判断的训练机会。所有规则的核心都应围绕孩子的独立思考能力来设计。

### 5.5.2 "家庭 DeepSeek 使用公约"应该包含的条款

一份有效的"家庭 DeepSeek 使用公约",建议从以下五个维度入手:

**使用目的与边界**

**目的界定**:使用 DeepSeek 是为了辅助孩子学习、启发孩子思考,而不是让孩子逃避学习任务。

**边界设定**:孩子不得使用 DeepSeek 生成作业直接提交,必须有自己的想法。

**示例公约**:"所有作文类作业必须先写初稿,再使用 DeepSeek 拓展、优化,不可以直接复制 DeepSeek 输出的内容。"

**使用时段与场景**

**设定使用时长**:使用 DeepSeek 辅助学习的时间应在一定范围内,娱乐性使用时间须获得家长的额外批准。

**设定使用场景**:孩子在完成基础自学、思考后才能使用 DeepSeek,

不能简化学习步骤。

**示例公约**:"每晚完成课后复习、错题整理后,可使用 DeepSeek 进行 30 分钟辅助检查。"

### 使用过程记录与反思

记录使用过程:记录使用 DeepSeek 完成各学科作业的情况。

使用后的反思:孩子要定期汇报 DeepSeek 给出的建议是否有帮助、是否存在价值观偏差或误导信息。

**示例公约**:"每周全家进行一次'DeepSeek 使用回顾',由孩子整理使用 DeepSeek 的心得,提出疑问或反馈。"

### 使用时的内容判断

培养批判性思维:孩子使用 DeepSeek 后,思考并回答:"我会如何优化这一回答?"

**示例公约**:"任何 DeepSeek 生成的内容在被使用前,都必须先经过价值判断,必要时可向家长请教。"

### 公约修订与协商机制

定期更新:每月检查公约条款是否合理、是否需要增删或修改。

赋予孩子参与权:孩子可以提出补充建议,家长应认真倾听。

**示例公约**:"每月一次定期复盘,由亲子共同决定是否调整条款。"

### 5.5.3 亲子共创使用公约的流程建议

**第一步：召开家庭会议，达成共识**

目的：明确"为什么要设立家庭 DeepSeek 使用公约"，分享各自对使用 DeepSeek 的理解，家长讲述使用 DeepSeek 背后的教育理念，孩子提出需求和建议。可用引导语：

★ "你会用 DeepSeek 帮忙做哪些事？"

★ "你发现 DeepSeek 生成的回答不对后会怎么做？"

★ "你觉得我们需要做哪些约定，才能更好地使用它？"

**第二步：拟定草案，讨论修改**

家长与孩子共同制定初步条款，对条款进行逐项讨论，并记录各自观点，遇到分歧，轮流发言，不将条款定死，保留后续调整空间。

小技巧：使用电子文档列出条款和执行方式。

**第三步：签字确认，条约生效**

条款确定后，可打印出来，由家庭成员签名。设立执行周期，如一个月内试运行，运行期间不得随意更改条款。家长可增加激励机制，鼓励孩子遵守规则。

**第四步：共建反馈系统，循环更新**

家庭成员每周简短回顾 DeepSeek 使用情况是否顺利，孩子可说明例外情况，如学校布置的任务占用了放学后的学习时间，导致计划不能顺利进行。家长负责记录并提出优化建议，形成"规范→反馈→优化→再规范"的良性循环。

## 5.5.4 三个家庭 DeepSeek 使用公约示例（仅供参考，可根据实际情况调整）

**示例一：学习任务导向型**

✓ 每日最多使用 DeepSeek 两次，每次不超过 30 分钟。

✓ 所有写作任务必须先写草稿，再由 DeepSeek 辅助修改。

✓ 每周完成一项"与 DeepSeek 共写"的开放性创作任务，由家庭成员评分。

✓ 使用 DeepSeek 时禁止独处，使用者必须在公共空间内使用。

**示例二：价值判断训练型**

✓ 使用 DeepSeek 前要先写下自己的思路或看法，DeepSeek 仅作补充参考。

✓ 每周选一项 DeepSeek 输出的内容进行反向论证，提高思辨能力。

✓ 禁止将 DeepSeek 的回答直接复制到作业中。

✓ 记录使用 DeepSeek 的优缺点，作为家庭成员开会时的讨论素材。

### 示例三：数字素养共建型

✓ 每月一次全家"DeepSeek 共学日"，孩子分享最佳使用情况。

✓ 使用 DeepSeek 中若发现错误信息，需记录反馈，家长应逐一审阅。

✓ 孩子可尝试训练个性化提示词，提高使用效率与精度。

✓ 所有 DeepSeek 生成的内容均要通过"我是否认同→为什么认同"的二级判断。

### 结语：家庭的底层教育力，就是达成共识的能力

DeepSeek 的使用公约，不只是对工具的规范，更是家长与孩子之间达成沟通共识的契机、对"什么是有效学习"的教育认知、对家庭数字素养培养的实践。

这些正是未来教育中，最为重要的亲子共同成长的力量。

## 5.6 父母的终极角色：为孩子建立"内在导航系统"

在 DeepSeek 的帮助下，越来越多的家庭进入了"数字化养育孩

子"的新时代：

★学业问题能被即时拆解。

★文字内容能被快速润色。

★学习路径能通过智能对话个性化生成。

家长的辅导者身份正被悄然削弱，但如果我们从更深层次的教育视角来看，父母要做的应是帮助孩子建立"内在导航系统"。

## 5.6.1 什么是"内在导航系统"？

"内在导航系统"不是某种技术系统，而是一种内在心理结构，是孩子在复杂、快速变化的世界中保持前进方向、独立判断、做出抉择的"心理罗盘"。

我们可以将"内在导航系统"理解为孩子成长过程中的四项核心能力：

★价值感知力：孩子能够知道该选择什么，而不是让别人替他选择"。

★目标设定力：孩子能独立构想未来方向，而不是被短期刺激吸引。

★情绪调节力：孩子在面对压力、失败时，拥有自我安抚与平复能力。

★道德判断力：孩子具备判断对错、坚持底线的原则。

这些能力，不依赖答题技巧，不依靠知识记忆，而是在亲子关系中一点点被构建起来的。

### 5.6.2 为什么 AI 无法构建孩子的"内在导航系统"？

DeepSeek 擅长根据问题给出答案，但它无法真正体会：

★ "孩子为什么会有这个问题？"

★ "孩子想通过这个问题达到什么目的？"

★ "孩子内心的真实想法是什么？"

这些问题的答案，来自孩子对自身情绪、行为动机的觉察与反应。父母的耐心倾听、共情引导，才是弄清这些问题的关键。

#### AI 能给出建议，但不承担后果

DeepSeek 可以告诉孩子"根据分析，这个方案更合理""根据对比，这个作文结构更清晰"，但它不能为选择失败的后果买单。

在现实生活中，人们做出选择，就要有承担结果的能力。而孩子责任感的培养，正是父母在一次次陪着他们面对失败时被塑造出来的。

#### AI 可以模拟共情，却无法真正地感同身受

DeepSeek 可以根据算法识别情绪关键词，但孩子的情感是充沛的，他们需要与父母有情感交流，从父母那里体会到关爱与温暖。

### 5.6.3 父母如何为孩子建立"内在导航系统"?

"内在导航系统"是一种互动式的教育智慧,以下是三个关键建设路径:

**路径一:父母应做孩子价值观的"启蒙者"**

DeepSeek 不会告诉孩子:"你做这件事,是因为你想成为怎样的人。"它只会给出选项,而不是给出选项背后的意义。父母要做的,是在关键节点提醒孩子——你是一个有选择能力的人。

实践建议:

★家长可以问孩子:"你选择这个,是因为别人都这么选,还是你真的想这么做?"

★当孩子模仿潮流,有跟风行为时,不要急于否定,而是引导孩子:"你觉得这种跟风行为对吗?"

★在面对争议问题(如网络言论、社会事件)时,家长应鼓励孩子表达支持或不支持的理由。

小提示:孩子的价值观不是在父母的说教中建立的,而是在日常判断中慢慢修正、形成的。

**路径二:父母应做孩子目标意识的"点燃者"**

DeepSeek 可以告诉孩子"这门学科的学习路径是这样的",但它不会问孩子:"你想把你的努力用在什么地方?""你未来最想要的是什么样的生活方式?"

孩子真正的可持续成长,不是由短期利益驱动的,而是由目标驱动的。父母的角色,是帮助孩子找到方向感。

实践建议:

★家长每半年可与孩子进行一次未来访谈,设想十年后的自己在做什么。

★家长不把目标局限在"高分、名校、职位"上,而是围绕"理想中的生活场景"展开。

★家长可鼓励孩子在 DeepSeek 中尝试生成"目标路线图",并与之讨论其是否可行。

小提示:孩子的内驱力才是帮助他们树立目标、找到方向感的核心。

路径三:父母应做孩子情绪力的"承接者"

DeepSeek 可以通过输入指令来识别孩子可能存在焦虑、疲惫的情况,但它不会替孩子处理这些情绪。而父母能做的就是稳住孩子的情绪。

实践建议:

★睡前建立"情绪时光",家长不与孩子谈学习任务,只谈"今天什么事让你感到开心或难过?"。

★家长在孩子表达负面情绪时,应给予回应:"你现在觉得这样很正常，这件事不怪你。"用"这件事是可以解决的"的方式拉近亲子距离，构建孩子的安全感。

小提示：适度的情绪波动和抒发情绪对孩子的心理健康很重要，表达情绪才能疏通情绪，疏通情绪才能释放情绪。

### 5.6.4 DeepSeek+父母=理性+温度

DeepSeek 如果是导航仪，那么父母就是地图绘制者。DeepSeek 可以快速告诉孩子从 A 点到 B 点的最快路径，但只有父母才能理解，B 点是不是孩子真正想去的地方。

我们应该多问"孩子想要的生活是什么样的"。DeepSeek 负责答题，父母负责为孩子的人生设问，找到孩子的兴趣所在，才是父母应该做的。

**结语：父母是孩子人生路上的"信号塔"**

未来教育的关键不再是"卷"，而是"个性发展"。家长应让孩子在信息海洋中不被淹没、在智能时代中不被替代、在社会竞争中不迷失方向、在每一个重要选择中坚持对的原则。

DeepSeek 是未来教育的引擎，父母则是孩子人生路上永不熄灭的"信号塔"。

## 5.7　AI时代家庭教育新启发

过去十年，中国的教育政策经历了从"减负"到"双减"、从"普惠"到"素养导向"的一系列变革。而自 2023 年起，随着以 ChatGPT、DeepSeek 等为代表的 AI 助手逐步进入家庭教育领域，一场新的教育生态正在重构。

在这样的背景下，我们必须想一想：家庭教育的挑战有哪些？机遇又有哪些？

### 5.7.1　AI时代家庭教育面临的挑战

AI 工具能提供个性化学习，但也可能产生隐私泄露、拉大数字鸿沟的问题，家长应关注数据安全，并培养自身和孩子的数字素养。

**数据与算法监管尚属空白**

孩子在使用 DeepSeek 等工具过程中，会留下大量学习偏好、搜索痕迹、情绪表达等敏感数据。若这些数据被平台收集用于商业模型训练，会有隐私泄露的风险。

而且，在算法生成内容如作文辅导、学习反馈中，若出现价值观不正确的内容或事实错误，会误导孩子，家长须谨慎筛选信息。

**数字鸿沟加剧教育水平差距**

不同家庭经济条件的差异会在很大程度上影响家庭对 AI 工具的获取能力——经济条件好的家庭能配备更好的学习设备，而经济条件差的家庭因硬件或网络限制，难以开启智能教学。这种技术获取的不平等，很可能拉大原有的教育差距。

想要解决这些问题，需要政策、资源和制度的保障，建立安全的数据管理机制和提高家长和孩子的工具适应能力。

### 5.7.2　AI 时代家庭教育面临的新机遇

如果我们把 AI 时代看作机会窗口，那么家庭教育可以在以下几个方面获得升级。

**扩大教育公平的家庭实践版图**

DeepSeek 等工具提供了跨地域、跨文化、跨资源的内容获取能力。教育资源薄弱的家庭，可以借助 DeepSeek 为孩子制定个性化学习方案，替代部分昂贵补习班，拓宽孩子的视野，提高自学的能力。对于双职工家庭来说，晚间家长可基于 DeepSeek 的反馈快速了解孩子的学习情况。

这意味着，在政策保障数字资源公平的情况下，家庭可借助 DeepSeek 实现更多的可能。

**家庭可成为"教育试验场"，让孩子提前适应 AI 社会**

未来社会对 AI 素养的要求，将成为孩子"通用能力"的一部分。家长若能在早期就帮助孩子：

★学会提出关键问题。

★学会判断信息的可靠性。

★学会将 AI 作为参考。

那么，家长就能从"传统教育者"转变为"AI 使用教练"，教会孩子如何用 AI 为自己服务。

**促进家庭和学校的沟通**

AI 使用记录可以作为家庭和学校沟通的依据。老师可以了解孩子在家使用 AI 的情况，并提出相应的建议；家长可根据 AI 反馈结果调整家庭作息时间和孩子的学习节奏，让孩子更好地适应学校的学习。这为教育政策中的"家庭—学校协同教育"提供了一条全新路径。

### 5.7.3　AI+ 政策：如何找到适合孩子的教育路线？

在 AI 走进家庭教育的今天，政策层面的变化也正重塑孩子的成长路径。无论是"双减"政策带来的学科竞赛降温，还是高考改革下的科目组合自由，抑或是艺术生招生、留学通道、职业教育的逐步开放，每一项政策都在传递一个信号：教育不再是单线竞争，而是多轨并进、适才而育。

在这样的环境下，家庭教育不仅需要技术辅助，更需要战略思考——不同类型的孩子，应如何走出一条适合他们的路线？

**"双减"之后的分化：不再唯分数论，个性培养才是重点**

"双减"政策落地的本质，是为了解决唯分数论的畸形导向。但这并不意味着竞争消失了，而是转向了孩子的综合素质、长期学习能力与自驱学习力的竞争。

机会点：

★让孩子从"内卷"中抽身出来，借助 AI 探索知识与兴趣。

★利用 AI 引导孩子自主设定学习目标和复盘成长路径。

★让家长从"作业监督者"变成"成长设计师"。

适合人群：

对传统应试教育缺乏优势，但具备一定自律能力、有创意能力的学生。家长可以结合 AI 工具，帮助孩子构建个性成长方案和专属学习路径。

**艺术体育类招生政策改革：专业要硬，文化课也不能放松**

2024年，教育部加强和改进了艺术类专业考试招生，完善和规划了体育类考试招生，体现了艺考、体考的新思维和新气象。这意味着，培养复合型人才将是未来的主流。

机会点：

★让孩子借助AI提高文化课成绩，补强薄弱环节。

★让孩子借助AI制定学习内容，避开集中授课的低效方式。

★让孩子借助AI辅助创意表达，提高综合能力。

适合人群：

具备艺术、舞蹈、绘画、体育等方面潜力，同时文化课存在短板的学生。家长可以鼓励孩子用AI弥补弱项，在保证专业水平的前提下突破文化线瓶颈。

**职业教育政策倾斜：不必"千军万马过独木桥"，拥有技能同样出彩**

国家近年来大力发展职业教育，出台"中职升本""职业本科""技能强国"计划，并明确职业教育与普通教育具有同等地位。

机会点：

★利用AI帮助孩子探索职业方向：如技能模拟、行业介绍、案例分析。

★生成"职业能力图谱",匹配孩子的个人兴趣与技术专长。

★与 AI 一起完成基础技能训练,如识别机械、电工仿真、编程入门等。

适合人群:

动手能力强、逻辑思维突出但不擅长考试的学生。家长可以通过 AI 辅助规划孩子"技能+学历"的双轨方案。

**高考改革推动选科自由:选择更多样,选择时更应谨慎思考**

随着"3+1+2"选科模式的推广,学生可根据自身兴趣和优势来选科,选择变得更多样,也更复杂。父母需要有前瞻的判断力,才能让孩子选到合适的科目。

机会点:

★家长可借助 AI 构建"选科—专业—职业"路径图,帮助孩子做决策。

★家长可使用 AI 辅助分析历年高校专业录取趋势,降低路径试错成本。

★家长可借助 AI 深度解析各类大学专业、高校就业前景、课程设置等,建立孩子的职业意识。

适合人群:

综合能力尚可但方向不明确的学生。父母可以与孩子共同使用

AI 模拟选科，尝试对比不同科目组合对未来的影响，提高孩子的职业生涯规划能力。

**留学政策开放与国际通道新趋势：AI 让留学更多元**

目前，受中外教育合作、免联考项目、"一带一路"国家互认学历等政策影响，留学已拓宽教育通道，成为多元选择之一。

机会点：

★孩子可使用 AI 进行学习训练，如纠正英语口语、修改雅思作文、模拟国外入学面试场景。

★孩子可借助 AI 了解各国教育体系、专业设置与文化背景，提前做好准备。

★孩子可借助 AI 制定学术研究规划，提前适应国外的学术氛围。

适合人群：

语言学习能力强、适应能力强、有国际视野的学生。家长可以将 AI 视为"家庭国际教育顾问"，分阶段培养孩子的能力。

在政策持续更新、路径日益多样的背景下，每个家庭都要面临"孩子适合走哪条路？"的问题，这不仅是对孩子能力的判断，更是对家庭资源和教育理念的整体考验。而 AI 可以帮助我们降低路径选择的成本，提高决策的正确率。

在 AI 和教育政策的双重赋能下，教育不再是标准化的筛选机制，而是一次关于认知、行动与工具整合能力的博弈。每一个被尊重、被看见的孩子，都将找到属于自己的人生轨道。

## 结语：家长要让家庭教育在 AI 时代不退场，而是进化

技术的进步可以改变教育的形式，但无法改变教育的本质，AI 工具只是家庭教育转型的辅助。

最终决定孩子成长的，依旧是父母的引导、关爱与支持。家庭教育的未来，不在于技术的单方面突进，而在于父母如何与时俱进，守护教育的本质。